La Bundesliga

PETER JENSON & GRAHAM HUNTER

La Bundesliga

Historia, equipos, hazañas, cultura y pasión del fútbol alemán

ALMUZARA

Primera edición: abril de 2025

Editorial Almuzara • Colección Deporte y aventura
Edición de María Borrás

www.editorialalmuzara.com
pedidos@almuzaralibros.com - info@almuzaralibros.com

Editorial Almuzara
Parque Logístico de Córdoba. Ctra. Palma del Río, km 4
C/8, Nave L2, nº 3. 14005, Córdoba

Imprime: Romanyà Valls
ISBN: 978-84-10527-63-8
Depósito Legal: CO-442-2025
Hecho e impreso en España - *Made and printed in Spain*

*Para todos los externos**
(*) Los ganadores que nadie esperaba
Peter Jenson

Un libro escrito con un talento estelar, Pete Jenson, y para recordar un tal Aberdeen 3:2 Bayern Munich, 16/3/83.
Graham Hunter

Índice

Deutschland is different

«Cuando me tocaba defender esa portería retumbaba el suelo. Había como muelles que te impulsaban».

Bartra sobre el Muro Amarillo

Un libro dedicado a contar algunas de las historias de las seis décadas de la Bundesliga empieza con un futbolista español que sabe cómo es jugar ahí. «En Alemania hay una cultura de fútbol inmensa», dice Marc Bartra[1], quien fichó para el Borussia Dortmund en junio de 2016.

Bartra creció en el Barcelona. Entró en la Masía con 11 años en 2002 y en febrero de 2010 Pep Guardiola le hizo debutar en Primera División. El elegante central ganó cinco ligas y dos Copas del Rey con el Barça. Llegó a la selección española, donde jugó 14 veces. Fichó para el Dortmund por 8 millones de euros para jugar bajo las órdenes de Thomas Tuchel. «Me fue muy bien, me adapté rápido al Dortmund porque la filosofía que tenía Tuchel, del trato del balón, de cómo jugar, era bastante parecida a lo que yo había aprendido durante toda mi vida en el Barça», comenta.

Si el fútbol era parecido, había cosas que eran muy distintas. Cuenta a los autores de este libro: «Veía partidos de la

1 Con agradecimiento a Marc Bartra.

Bundesliga cuando estaba en el Barça, pero una vez ahí sentí que el fútbol de Alemania es como una religión. Es el fin de semana, el estadio está lleno, son las previas al partido, y es costumbre ir mucho antes del inicio para estar preparados. Salimos a calentar y a diferencia de España, donde la gente aún no ha entrado en el estadio, en Alemania estás calentando y todo el mundo ya está en su asiento».

Según el portal estadístico *Statista*, en la temporada 2023-24, la Bundesliga fue la liga con mayor asistencia de público de las cinco grandes ligas europeas. La media a los partidos, algo más de 39.500 espectadores, superó a La Liga y la Premier en Inglaterra. Con precios de entradas mucho más accesibles, hay poca duda de que también es donde mejor tratan a sus fans.

«Allí se premia mucho y se ayuda; el nivel económico de las entradas y con horarios que hace que la gente pueda acudir, incluso los niños», comenta Bartra. «Al final los niños son el futuro, ¿no? El fútbol en la tele se ve increíble, pero donde se vive y se respira a mil por mil, a nivel sensitivo, a nivel visual, al nivel de todos los sentidos, es cuando estás en el estadio. A mí el fútbol me empezó a gustar mucho cuando veía a mi padre que no jugaba en estadios, sino en campos más humildes. Ahí empecé a ver cómo hablaban los jugadores entre ellos y a ver cómo el público, aunque fueran menos, reaccionaba. Ahí realmente es donde hueles al fútbol».

Esa cercanía entre el fútbol y el pueblo se ve en Alemania más allá del campo y la experiencia durante el partido. Este libro está repleto de historias de aficionados que construyen activamente el folclore de sus clubes, y hasta lo protegen incluso dando su propia sangre si es necesario (Union Berlín, capítulo 6). Los fans están en las obras de los nuevos estadios, en las protestas contra la entrada de un fondo de inversión en el modelo de la Bundesliga, y, como bien recuerda Bartra, en las ciudades deportivas de los clubes cuando hace falta.

«En mi segundo año ahí (en el Borussia Dortmund) hubo un momento en el que al equipo le estaba costando sacar los resultados, y los fans incluso vinieron al gimnasio a hablar con nosotros. Me acuerdo que estábamos a punto de empezar los ejercicios y vino un grupo y nos alentó para que siguiéramos con energía, para sentir su apoyo. Con eso ves la importancia de la proximidad que hay con la afición y sobre todo sentirlo como lo sienten los aficionados. Al principio aluciné porque nunca había visto nada igual. Son cosas extraordinarias, pero nos transmitieron su energía, sus ganas; y la verdad es que con esa proximidad, tú ves que es un club especial, muy especial. Al final si el fútbol existe y hay tanto nivel y es el deporte rey, eso hacen los espectadores».

Cuando visitamos a Raúl González Blanco en el Schalke 04 en 2011, después de su traspaso a la Bundesliga por el Real Madrid, llegó a la entrevista después de entrenar delante de miles de aficionados. La costumbre del «entrenamiento abierto» parece haber sobrevivido en Alemania más tiempo que en España. De su experiencia en el Borussia Dortmund Bartra añade: «Más o menos cada 15 días había un entreno a puertas abiertas. Y venían muchos aficionados y firmamos a todos cuando terminaba».

Esa pasión va de la mano con algo de respeto que también dejó su huella en Bartra. «Recuerdo un día cuando estaba jugando en el parque con mi hija y vino un niño de entre 12 y 15 años, estaba mirando, no sabía cómo acercarse, pero se acercó, y me preguntó: «Por favor, me puedo hacer una foto contigo cuando termines de jugar con tu hija». Y le dije: “No, no, hazla ya, no pasa nada”. Se puso muy contento y me dijo: “¿Perdona, la puedo subir a mis redes sociales?”. Así que preguntando con educación. Y le dije: «Claro que sí, la foto es tuya, puedes hacer lo que quieras». Un respeto increíble. Gente muy educada. Ellos saben separar la vida profesional de la personal y te respetan mucho.

Naturalmente, Bartra tiene las mejores memorias de donde jugó, en el Dortmund. El club del famoso Muro

Amarillo, de los dos Jürgen (Wegmann y Klopp, capítulo 5), que sufrió un ataque terrorista, y que escapó de la bancarrota para llegar a tres finales de Champions (ganando una).

«Es una auténtica barbaridad», explica Bartra. «Para mí es una de las mejores aficiones del mundo. A todos los niveles, tanto el nivel de animar al equipo, el nivel de respeto que tienen a los jugadores. Incluso, a lo mejor el equipo puede perder algún partido, pero si has dado todo, has corrido, has luchado, te lo agradecen. Y luego el Muro Amarillo, eso es fútbol a dos cientos por cien, es pasión, es familiarísimo. Esos son años y años de cultura, años de fútbol. Son familias. Es una barbaridad. Recuerdo un partido en que nos metieron un gol al principio de la primera parte y que sabíamos que íbamos a remontar. Incluso recuerdo que siendo defensa, cuando me tocaba defender esa portería que retumbaba el suelo. Había como muelles que te impulsaban. Es una barbaridad. Me alegra tanto haber tenido la suerte de estar en clubes donde la afición es increíble tanto en el Barça como en el Dortmund, incluso en Turquía y ahora en el Betis. En los cuatro clubes he sido afortunado de poder estar siempre en equipos que llenan el estadio».

Pero la magia en Alemania se extiende mucho más allá que Dortmund. Es el país donde casi todos llenan sus estadios. Desde el todopoderoso Bayern de Múnich a su vecino 1860 Múnich que ahora juega en Tercera, pero aún con las gradas abarrotadas. El Bayern, por un lado, es el Real Madrid de Alemania. «Son dos cosas que tienen en común», dice Bartra. «Uno a nivel económico, evidentemente, y luego también la filosofía del club de que no son clubes vendedores, sino son clubes que cuidan al mantener esa base». Pero a diferencia del Madrid, no ha sido siempre el más grande de su país; ni siquiera fueron invitados a la primera Bundesliga en 1963.

En cuanto a los estadios llenos, no siempre fue así. En las décadas de los setenta y los ochenta había más problemas que personas en los estadios, pero esa época también ofrece historias y personajes extraordinarios, del « Mächtig Maus», Kevin

Keegan en el Hamburgo, a «la bombilla roja» Jupp Heynckes en el Gladbach. Y del indestructible Uli Hoeness en el Bayern de Múnich, donde jugó antes de sobrevivir a un accidente aéreo, y donde fue presidente tanto antes como después de pasar un año en la cárcel, al gran Uwe Rösler, que debutó en la República Democrática de Alemania y la Stasi lo puso en una posición imposible. Están todos en este libro.

También dedicamos un capítulo a los «gigantes dormidos». De los 13 equipos que han ganado la Bundesliga muchos han estado en la lona, pero nunca sin sus fieles, que siguen yendo al estadio ocurra lo que ocurra. Quizás solo en Alemania se puede jugar un partido con una asistencia de 50.000 en la Segunda División. Deutschland is different.

«La Bundesliga es una liga muy muy competida», dice Bartra, que ganó la copa DFB-Pokal en 2017 antes de volver a España para jugar en el Betis en 2018. «Era muy física, de idas y vueltas, sobre todo, un fútbol muy dinámico. Lo disfruté muchísimo los casi dos años que estuve allí».

Para Marc Bartra, la Budesliga tiene una de las mejores aficiones del mundo. Y él mismo tiene los mejores recuerdos del Dortmund, el club del famoso Muro Amarillo. (c) Shutterstock.

Ningún equipo encapsuló ese fútbol que Bartra describe en la temporada 2023-24 (la última antes de escribir ese libro) como el Bayer 04 Leverkusen de Xabi Alonso. Este es un buen punto de arranque. Los del Bayer son los primeros invencibles del fútbol alemán; una temporada entera sin ninguna derrota es un logro increíble para un club que antes solamente tenía fama de no ganar nunca.

PETER JENSON & GRAHAM HUNTER

1.
De «Neverkusen», al equipo que nunca pierde

> *«Me importa una mierda cómo acabe el partido. Pero a partir de ahora vamos a jugar nuestro fútbol; el fútbol del Bayer».*
>
> *Xabi Alonso*
> *Leipzig, enero, 2024*

Thomas Müller estaba de buen humor. Era la noche del 5 de marzo de 2024 y Bayern de Múnich había ganado a la Lazio por 3-0 en casa en los octavos de la Liga de Campeones, para pasar por un global de 3-1 a los cuartos. Había dudas después de perder la ida en Roma por 1-0, pero había respondido bien en la vuelta. El gran capitán del Bayern Múnich y de la selección alemana había marcado el segundo gol en el Allianz Arena.

Después del partido le preguntaron a Müller al pie de campo si la Bundesliga aún era posible para el Bayern o si era inevitable que la ganara el Bayer 04 Leverkusen, entrenado por Xabi Alonso. «Queremos darle otra oportunidad al dios del fútbol», dijo Müller, para que mantenga ese tópico. De momento no se parece al "Vizekusen", pero queremos aguantar».

¿Qué tópico?, ¿qué significaba «Vizekusen»? Pues no tenía que explicarlo al público alemán. No había ningún telespectador viendo su entrevista que no fuera consciente de la fama que tenía el Bayer 04, los líderes de la Bundesliga en ese momento (marzo 2024).

Leverkusen tenía una ventaja de 10 puntos sobre el Bayern de Múnich. El tiempo se agotaba para alcanzarlos. Y tiempos desesperados requieren medidas desesperadas. Era hora de que Müller sacara el tema de la temporada 2002 y de la fama que tenía el Leverkusen de siempre acabar segundos. De ahí viene su apodo «Vizekusen»: *vize* como «vice», como vicepresidente en vez de presidente, como subcampeón en vez de campeón.

Bayer Leverkusen era el eterno subcampeón. Se les bautizó así desde que desperdiciaron la oportunidad de ganar tres trofeos en 2002. Acabaron segundos en la Copa DFB Pokal, en la Bundesliga y en la Liga de Campeones en aquel año. No era solo cosa de 2002. Bayer 04 acabó subcampeón de la Bundesliga en 1997, 1999 y 2000, y lo volvería hacer en 2011. Pero 2002 fue el año cero. Era el año en que nació el apodo «Vizekusen». «Neverkusen» en inglés *never the winners*, «nunca los ganadores», siempre segundos.

Cuando Müller intentó ganar ventaja con este juego psicológico quedaban ocho jornadas en la Bundesliga con esa diferencia de 10 puntos entre el Bayern y Leverkusen. Quedaban ocho jornadas en aquella temporada de 2002 y el Bayer 04 tenía solamente un punto de ventaja sobre el segundo equipo, el Borussia Dortmund (BVB).

El Borussia de aquel año tenía buen equipo, con Jens Lehmann en portería, Tomáš Rosický en el medio campo, el delantero brasileño Amoroso, marcando 18 goles, y con Matthias Sammer como técnico en el banquillo. Además, no era el único equipo perseguidor. El Bayern de Múnich estaba a tres puntos, el Schalke y el Kaiserslautern estaban a solo cinco. La final de la copa fue contra el Schalke. Un rival más difícil que un Kaiserslautern de Segunda, a quien tenía que enfrentarse el Leverkusen en 2024. Y también el Bayer

04 de 2002 tenía la madre de todas las distracciones: el Real Madrid en la final de la Liga de Campeones en el Hampden Park en su último partido de la campaña.

Recordando la fatídica noche 20 años más tarde, la revista alemana *Kicker* hablaba de un Bayer Leverkusen que había jugado un fútbol tan bello durante la temporada que «incluso los aficionados rivales aplaudieron de pie». Años después, el técnico de aquel Bayer 04, Klaus Toppmöller, recordaría que después de empatar 2-2 en Old Trafford, en la ida de la semifinal de la Liga de Campeones contra Manchester United, la afición del United «honró nuestra actuación con una gran ovación».

Algo parecido pasó en el Anfield cuando en el primer partido de cuartos, el Liverpool ganó a Bayer 1-0. Este partido fue el comienzo de la cuenta atrás. Después de su noche de gloria en el mítico estadio de Liverpool (teniendo en cuenta que 1-0 era un buen resultado) quedaban diez partidos. Al menos iban a ser diez si el equipo llegaba a la final de la Liga de Campeones. Serían cinco partidos de la Bundesliga más la final de la Copa DFB Pokal y cuatro partidos más de Champions.

De estos últimos 10 partidos, el Bayer 04 solo ganó tres y perdió cuatro. Primero ganó al FC Köln en la liga. Hasta aquí todo bien. Luego ganó al Liverpool por 4-2 en la vuelta de los cuartos de final de la Liga de Campeones. Hasta aquí todo muy bien. Luego no ganó ningún partido de los próximos cinco. Los dos empates contra Manchester United no crearon ningún problema porque con un 2-2 en el Old Trafford y un 1-1 en el BayArena se clasificó para la final. Pero un empate a domicilio contra Hamburgo SV en la jornada 31, una derrota en casa contra Werder Bremen en la jornada 32 y una derrota por 1-0 en Nürnberg en la jornada 33, destruyó el sueño del título liguero y allanó el camino para la quincena más desgarradora de la historia del club.

Bayer 04 ganó su último partido de liga el sábado 4 de mayo, en 2002, pero no fue suficiente para superar a BVB y la liga la ganó el Borussia Dortmund. Perdió la final de la

Copa DFB Pokal por 4-2 contra Schalke siete días más tarde. Le quedaba una última bala en la recámara. Una última oportunidad de ganar un trofeo. ¡Y qué trofeo! Si pudieran ganar la Liga de Campeones, compensarían su fracaso en la Copa y la Bundesliga.

«El Bayer vuelve a llorar», tituló en portada *Kicker* después de la final contra Real Madrid en Hampden Park. Raúl González Blanco marcó nada más comenzar (minuto 8), pero Lúcio empató en el 14. El golazo de Zinedine Zidane dio el 2-1 al equipo de Vicente del Bosque en el 45. Luego durante gran parte del partido el Leverkusen fue superior. Empujaba en busca del empate, sobre todo durante los últimos 20 minutos del partido. Lanzó un ataque tras otro al área del Real Madrid, pero no pudo batir a Iker Casillas, que había salido tras el descanso a sustituir al lesionado César Sánchez. En el tiempo añadido, realizó tres grandes paradas. «Casillas estuvo imbatible aquella noche», dijo Carsten Ramelow, capitán del Bayer 04, el hombre que hubiera levantado la copa si hubieran ganado los alemanes.

Una temporada increíble había terminado y en vez de ganar su primer título desde 1988, cuando ganó al Espanyol en la Copa UEFA por penaltis después de remontar un 3-0 del primer partido, solo había ganado un nuevo apodo: «Neverkusen». El equipo más vistoso, el más ofensivamente fuerte en la historia del club hasta el momento, había salido por la puerta atrás y con las manos vacías.

«Aquella temporada», dijo el entrenador Toppmöller años después, «fue un sueño absoluto, en parte porque prácticamente nadie contaba con nosotros de antemano».

Lo mismo podríamos decir del Bayer de Xabi Alonso en 2023. Al principio de la temporada, el Bayern de Múnich era el claro favorito según las casas de apuestas para ganar su duodécima liga consecutiva. El Borussia Dortmund era el segundo favorito y el RB Leipzig tercero. Los expertos no dieron ninguna oportunidad a nadie más. Cualquier persona que hubiera apostado 100 euros por el Bayer al principio de la temporada 2023-24 habría ganado 5.000 euros, tal era la confianza de las casas de apuestas de que el Bayer 04 no acabaría campeón.

Cuando Alonso asumió el cargo la temporada anterior habían pasado ocho jornadas. El Bayer tenía cinco puntos e iba penúltimo en la clasificación. Él los transformó y el equipo acabó sexto clasificándose para la Europa League. También llegó a la semifinal de la Conference en aquella primera temporada, perdiendo contra la Roma de José Mourinho.

Los aficionados del «*Werksklub*» («club de trabajo») —llamado así para recordar que el club fue fundado por trabajadores de la fábrica farmacéutica Bayer en 1904— creían en el proyecto. Pero ¿ganar la liga en su primera temporada completa en un club, y con uno que nunca había ganado la liga en sus 120 años? Prácticamente imposible.

El equipo tuvo una buena pretemporada en Los Alpes austriacos en agosto de 2023. Había fichado a Granit Xhaka de Arsenal y él declaró a *The Athletic*: «Me gusta la intensidad de este cuerpo técnico. Van a todo gas en cada sesión y así es como queremos jugar esta temporada». Sin embargo, el Bayern había fichado a Harry Kane, así que no había nervios por el progreso del Bayer.

¿Y los nervios del Bayer después de los comentarios de Müller en marzo de 2024? Si los tenían los de Leverkusen, se los escondían bien.

«¡Oh, ese Thomas!», dijo Simon Rolfes, director deportivo del Bayer 04, a Kicker. «Él es como es. Lo conozco desde hace mucho tiempo. No es ningún problema. Lo que diga, es para sí mismo».

Si el comentario de Müller era también una forma de animarse, como decía Rolfes, parece que funcionó. El Bayern de Múnich ganó sus siguientes dos partidos por 8-1 contra Mainz y por 5-2 contra Darmstadt.

Pero si el comentario era para desestabilizar a Bayer 04, no funcionó. El Leverkusen sacó victorias contra Wolfsburgo y Friburgo, siguiendo la marcha hacía su primer campeonato nacional desde que se formara hace 120 años.

Müller siguió con su discurso jocoso en el próximo parón internacional. Compartió vestuario en la *Mannschaft* con tres jugadores del Bayer 04, Jonathan Tah, Florian Wirtz y Robert Andrich. Intentó aprovechar la situación. Andrich reveló a Sport 1: «Hace algún comentario. Quizás quiere ponernos un poco nerviosos».

Pero en el Bayer Leverkusen se mantuvieron firmes no solo para acabar el trabajo, sino para hacerlo sin perder ningún partido; algo que ningún club había logrado en la historia de la Bundesliga.

Ganó la liga el día 14 de abril después de vencer por 5-0 a Werder Bremen en la jornada 29. Aún quedaban cinco partidos de liga. Con el trabajo liguero hecho y con dos finales por jugar al final de la temporada —de la Europa League contra Atalanta y de la Copa DFB Pokal contra Kaiserslautern— hubiera sido entendible que sufrieran alguna derrota, pero ganó tres y empató dos de los cinco encuentros.

No solo se proclamarían campeones de la Bundesliga sino también los primeros invictos de la historia del fútbol alemán.

Uno de los momentos clave de la temporada llegó en el primer partido de la segunda vuelta. Bayer 04 había vuelto del parón invernal con un mal partido contra Augsburg. En el siguiente partido iba perdiendo por 1-0 contra el RB Leipzig. Había lesiones, había varios jugadores fuera del país jugando la Copa de África o en la Copa de Asia. Parecía que este iba a ser el momento en el que el Leverkusen tropezaría.

Según el diario *Bild*, Alonso montó en cólera en el vestuario en el descanso. Gritó: «Me importa una mierda cómo acabe el partido. Pero a partir de ahora vamos a jugar el fútbol del Bayer». El equipo respondió y Leverkusen ganó por 3-2, con gol de Piero Hincapié en el tiempo de descuento.

Si hay una frase que resume la forma en que Xabi Alonso consiguió lo que consiguió, podría ser ésta: «Me importa una mierda cómo acabe el partido». El entrenador de Bayer Leverkusen había inculcado a sus jugadores que tenían que obsesionarse, no tanto con ganar, sino con jugar bien. © Shutterstock.

Si hay una frase que resume la forma en que Alonso consiguió lo que consiguió, podría ser esta: «Me importa una mierda cómo acabe el partido». El entrenador de Bayer Leverkusen había inculcado a sus jugadores que tenían que obsesionarse, no tanto con ganar, sino con jugar bien; jugar como llevaban toda la temporada entrenando desde los primeros rondos en los Alpes. Y si jugaban así, la victoria era casi inevitable.

Teniendo esto en cuenta, no es de extrañar que ni Müller ni nadie pudiera ponerles nerviosos. «Jugamos bien y todo acabará bien», era el mensaje del entrenador vasco, y todos lo creían.

El éxito de Bayer finalizó con una racha de once temporadas en las que Bayern de Múnich había ganado la Bundesliga. Y en los dos partidos de liga entre los dos, el Leverkusen le mostró al Bayern que los años de su dominio habían llegado a su fin.

Hubo un empate muy reñido en la jornada 4 en el Allianz Arena. Exequiel Palacios marcó el 2-2 en el minuto 94. El empate *in extremis* en el campo de Bayern al principio de la temporada era una señal de lo que estaba por venir. Quince veces marcó en el tiempo de descuento durante la temporada. Cinco veces fue para empatar y seis veces para ganar el partido. Ese es otro ejemplo de cómo los jugadores creían en lo que hacían.

No hacía falta una remontada en la jornada 21 cuando los equipos se encontraron por segunda vez. Bayer 04 ganó al Bayern de Múnich en casa por 3-0. Se estaba llevando a cabo un enfático cambio de guardia. Müller no le apetecía hacer travesuras en aquella ocasión. Estaba demasiado enfadado. «Estoy cabreado», dijo a Sky Sports Germany a pie de campo después del partido.

Siguió gritando: «El Leverkusen mereció ganar». Ahora puedo citar a Olli Kahn, «a veces nos faltan cojones». En el Leverkusen no se planean todas las jugadas. Ellos simplemente juegan al fútbol; buscan soluciones.

En su rueda de prensa, el entrenador del Bayern Thomas Tuchel se dedicó a criticar la falta de una regla en Alemania que hubiera prohibido jugar a Josip Stanišić en un partido así. Stanišić jugó a pesar de que estaba cedido en el Bayer, pero pertenecía a Bayern Múnich.

«Hay una bonita regla en Inglaterra», dijo Tuchel, «si cedes jugadores, no pueden jugar contra ti». Por desgracia, esta regla no existe en Alemania. Stanišić había marcado el primer gol, pero Tuchel sabía muy bien que el resultado se debía a mucho más que al hecho de que Stanišić jugara para un equipo y no para el otro.

Después del partido, los grandes del fútbol alemán hicieron fila para alabar a Alonso. Lothar Matthäus, en su papel de analista de televisión, dijo: «El Leverkusen es sin duda el equipo más interesante de Alemania. El equipo juega a un toque, con inteligencia y ritmo. A veces parece el Barcelona de Guardiola».

Excompañero de Alonso en el Bayern de Múnich, Juan Bernat, también veía cosas de los equipos de Pep en el de Xabi. «Puedes ver alguna similitud, sí», contó a los autores de este libro. «Siempre el que tiene el balón tiene varias líneas de pase, varias soluciones, sus laterales se pueden meter por dentro, con mucho recorrido también y son muy ofensivos. Es un fútbol que puede ser parecido. Presionan arriba. Es el fútbol de dominar, de intentar dominar el partido».

Bernat dice que veía cosas de entrenador en Alonso cuando los dos jugaron juntos bajo los órdenes de Guardiola en el Bayern (2014-2017), pero aun así alucinó con lo que logró en su primera temporada completa. Nos dijo: «Se notaba que él tenía más madera de entrenador. Se fijaba mucho en el juego, estaba muy pendiente de las cosas tácticas, le gustaba hablar mucho. Se veían cosas, pero lo que ha hecho para mí es increíble. Con todo el dominio que ha tenido Bayern de Múnich durante los últimos años, ha llegado al Leverkusen y ha ganado la Bundesliga y encima jugando muy bien sin perder ningún partido. Tiene mucho mérito. ¿Cuántos años lleva? Es uno de los mejores entrenadores en el mundo, diría yo, y acaba de empezar. Va a ganar muchas cosas».

Alonso no es el único español en el Bayer 04. Fernando Carro ha sido CEO del club desde 2018. Y él quiere poner a Alonso a un nivel incluso superior al de Guardiola. Contó a *Marca*: «Creo que la mejor decisión que he tomado en estos seis años es nombrar a Simon Rolfes director deportivo. Él ha realizado unos fichajes increíbles. Hizo posible traer a Florian Wirtz muy joven y a Xabi Alonso, que, a nivel de entrenador, es el número uno del mundo en estos momentos».

Hablando de la llegada de Alonso en octubre 2022, Carro dijo: «Teníamos una lista de posibles entrenadores de futuro en la que figuraba Xabi. Discutimos varias alternativas, recogimos referencias y decidimos ir a conocerlo. Enseguida nos convencimos de que era el entrenador que necesitábamos por su experiencia como jugador y por su clarividencia para ver el fútbol».

Alonso fue a jugar en el Bayern de Múnich en 2014 bajo los órdenes de Guardiola. «Puedo aprender de él y que me sirva para un futuro», dijo Alonso dijo en su presentación en agosto de aquel año. Se quedó tres años y ganó tres Bundesliga. Pero nada supera ganarla como entrenador de un club que nunca la había ganado.

En 2010 el apodo «Vizekusen» fue registrado por el club en la Oficina Alemana de Patentes y Marcas y en 2020 renovó la protección durante 10 años más.

Carro dijo a *Bild* en el momento de la renovación: «Hemos ampliado esta patente únicamente para que no pueda ser utilizada por otros. De todos modos, nosotros no utilizamos el término y haremos todo lo que esté en nuestra mano para que quede definitivamente obsoleta este verano».

No se cumplió en 2020, pero sí cuatro años más tarde. Los términos «Vizekusen» y «Neverkusen» ahora quedan obsoletos. En su lugar queda un hecho nuevo, que ningún club va a poder borrar nunca: el Bayer Leverkusen es el primer club en pasar toda una temporada invicta en Alemania. Ahora es verdad. Y lo seguirá siendo mientras exista la Bundesliga.

2.
FC Bayern: Hitler, Hollywood y el viaje del olvido a la admiración mundial

Cuando los líderes del fútbol alemán construyeron la Bundesliga en 1963, la construyeron sin Bayern de Múnich. © Shutterstock.

Cuando los líderes del fútbol alemán construyeron la Bundesliga en 1963, la construyeron sin el Bayern de Múnich.

Alemania llegó tarde a la fiesta futbolera. Mientras que España, Francia, Italia e Inglaterra ya tenían sus ligas nacionales, los alemanes todavía jugaban en liguillas regionales. Y cuando, por fin, en 1963, montaron su propia fiesta, el club, ahora considerado el más grande del país, no fue invitado.

Antes de 1963 el fútbol en la Alemania Federal estaba dividido en varias regiones. Al final de cada temporada los ganadores regionales jugaban eliminatorias que conducían a una final que decidía qué equipo era el campeón nacional. Era un sistema anticuado y cuando la selección alemana volvió del mundial de Chile en 1962, derrotada en cuartos a manos de Yugoslavia, aumentó el deseo de modernizar su fútbol de una vez para siempre.

Durante muchos años los clubes, sobre todo los del norte del país, se habían opuesto a la idea de una liga nacional. Pero el día 28 de julio de 1962, en el Congreso Nacional de la Federación de Fútbol, en el «Salón Dorado» del Westfalenhallen en Dortmund, salió un resultado de voto decisivo: 103 clubes a favor y solo 26 en contra.

El fútbol alemán había superado su atraso provinciano. La Federación Alemana de Fútbol (DFB) había dado un gran paso, pero ahora quedaba la parte más complicada. Tenía que escoger cuáles de los equipos iban a estar en la primera Bundesliga (1963-64).

Al principio, 46 de los 74 equipos en el país solicitaron afiliación a la nueva liga. Tres vendrían del norte, cinco del oeste, cinco del sur, dos del suroeste, y uno de Berlín Occidental. Una comisión de cinco personas tuvo la responsabilidad de elegir los 16 clubes basando su decisión en una liga histórica calculada según los resultados de los últimos 12 años.

Al final, Hamburgo, Werder Bremen y Eintracht Braunschweig fueron elegidos del norte; Eintracht Frankfurt, Karlsruher, FC Nürnberg, 1860 Múnich y VfB Stuttgart fueron escogidos del sur; Borussia Dortmund, FC Köln, Duisburg, Preussen Münster y Schalke 04 del oeste; Kaiserslautern y Saarbrücken del suroeste; y Hertha, de Berlín Occidental.

Y en esa época tan histórica del fútbol alemán casi nadie preguntó lo que parece en nuestra época la cuestión más fundamental: ¿dónde está el Bayern?

Bayern de Múnich seguía en su liga regional, la «oberliga süd». En los 12 años previos de la formación de la nueva competición estaba sexto en la clasificación histórica. Y como solo los cinco primeros de esa clasificación fueron a la Bundesliga se quedó atrás. El club protestó, pero sin éxito.

Así tuvo que ver desde fuera las victorias de FC Köln en la primera Bundesliga, luego la de Werder Bremen en 1965; 1860 Múnich en 1966; Eintracht Braunschweig en 1967 y FC Nürnberg en 1968.

Casi llegó el hombre a la Luna antes que el Bayern a la cima del fútbol alemán. El 16 de julio de 1969 Neil Armstrong pisó la Luna; un mes antes, el 7 de junio Bayern de Múnich ganó la Bundesliga por primera vez.

En realidad, fue su segundo campeonato nacional porque había salido campeón de Alemania en el sistema anterior en 1932. En esa época habían sido campeones nacionales en una Alemania totalmente diferente. En un país donde el odio homicida estaba a punto de llegar al poder.

Bayern de Múnich había tenido una presencia judía desde sus comienzos. Entre los 17 hombres que fundaron el club el 27 de febrero de 1900, en el Café Gisela en la calle Fürstenstraße del barrio Schwabing, eran Joseph Pollack, quien iba a ser el primer secretario del club, y Benno Elkan, los dos judíos.

El Bayern de Münich había surgido de una sociedad gimnástica masculina que se llamaba Männer-Turn-Verein (MTV). Esa sociedad había prohibido que la división de fútbol de su club se uniera a una asociación regional de clubes de fútbol. © Shutterstock.

El club había surgido de una sociedad gimnástica masculina que se llamaba Männer-Turn-Verein (MTV). Esa sociedad había prohibido que la división de fútbol de su club se uniera a una asociación regional de clubes de fútbol. Liderado por el que sería su primer presidente, Franz John, el nuevo FC Bayern se separó del MTV para formar un club nuevo.

Un año más tarde otro judío importante en la historia del club, Kurt Landauer, llegó al club con 17 años y jugó de portero para el segundo equipo. En 1932 cuando Bayern ganó ese primer campeonato nacional Landauer había llegado a ser presidente del club. Ese Bayern campeón, también tenía un entrenador judío, Richard Kohn, traído al club por Landauer.

Cuando ganó la liga Bayern, los nazis todavía no habían llegado al poder, pero muestras de su venenoso antisemitismo habían empezado a desvelarse en el fútbol. Antes de llegar a la final en 1932 Bayern había ganado a FC Nürnberg en la semifinal, un equipo también entrenado por un judío, Jeno Konrad. La maquinaría de propaganda nazi echó la culpa por la derrota sufrida por Nürnberg a su entrenador judío y su «elevado salario». Un artículo apareció en una revista nazi llamada *Der Stürmer* que pedía que Konrad fuera enviado a Jerusalén. Unos pocos días después de su publicación FC Nürnberg despidió a Konrad.

Cinco meses después de que el Bayern de Múnich ganó su primer campeonato nacional los nazis llegaron al poder y empezaban a expulsar judíos de asociaciones deportivas. En marzo de 1933 Landauer dimitió pensando que era lo mejor para el club. Para entender el ambiente alrededor de deportes en esa época: Bruno Malitz era responsable de deportes nazi y había descrito a los judíos como «peores que el cólera».

Landauer se había quedado en Múnich después de renunciar como presidente del club. Fue detenido en noviembre de 1938 después de la «Noche de los Cristales Rotos» en la que tropas de la SS (la organización paramilitar al servicio de Adolf Hitler) llevaron a cabo ataques a gran escala contra los ciudadanos judíos.

Laudauer fue capturado y trasladado a Dauchau, el primer campo de concentración construido por los nazis. Pasó un mes ahí hasta que fuera liberado porque se dieron cuenta de que él había servido a los alemanes en la Primera Guerra Mundial. Se exilió en Suiza. Sus tres hermanos y una hermana fueron asesinados por los nazis.

El entrenador del Bayern, Kohn, también fue a Suiza. Luego se fue a Barcelona donde había entrenado el FC Barcelona en 1923. Volvió a ese puesto. No tuvo mucho éxito en su segunda etapa en Cataluña, pero sí en su último club Feyenoord haciéndolo campeón en los Países Bajos.

Él que había sido su director de cantera en el Bayern no tuvo tanta suerte. Albert Otto Beer intentó, sin éxito, huir con su familia a Palestina o a Estados Unidos. Todos fueron asesinados por los nazis a finales de 1941 en Kaunas, Lituania.

Si el régimen nazi pensaba que su persecución de los arquitectos del primer Bayern campeón iba a intimidar al club, estaban equivocados. Siegfried Hermann era el sustituto de Landauer como presidente y consagró en los estatutos que las personas de ascendencia judía podían seguir siendo socios del club. Los nazis acabaron reemplazándole con uno de los suyos, un verdadero nazi, Josef Sauer. Incluso tras ese cambio, el Bayern no se doblegaría por completo. Cuando el equipo jugó un amistoso en Zúrich contra la selección nacional suiza en 1943, los jugadores vieron en la grada a su antiguo presidente, el todavía exiliado, Landauer, y se alinearon para saludarle como si siguiera siendo el líder del club.

En 1947 tras la caída del régimen nazi, Landauer volvió a la presidencia del club. Era por solo cuatro años, pero fueron años muy importantes. Él empezó el proceso de reconstruir el Bayern. El club celebró su cincuenta aniversario y fue Landauer quien lo llevó a su sede actual en Säbener Strasse donde siguen entrenando. Murió en 1961 y por lo cual nunca vio al equipo de Bayern volver a ser campeón como había sido en 1932.

Laundauer cayó un poco al olvido. Durante muchos años el Bayern no sabía muy bien cómo hablar del pasado, la Guerra Mundial y los nazis. Fueron los textos del historiador alemán Dietrich Schulze-Marmeling que reconstruyó la historia del club y la puso en primer plano. Ahora Landauer tiene su estatua en la ciudad deportiva en Säbener Strasse.

«Es la única estatua que hay, que subraya su importancia», dice Michael Hellstern, curador del museo del club situado en el Allianz Arena y del archivo histórico del Bayern de Múnich. También hay una calle que lleva el nombre de Laundauer y en 2013 fue nombrado como uno de los presidentes de honor del club.

En los años de postguerra el Bayern de Múnich era un club debilitado, como muchos otros, y 20 años después falló en su intento de entrar en la nueva Bundesliga. Ese fracaso podría haber dado paso a un largo periodo de irrelevancia, pero según Hellstern, fue algo beneficioso. Explicó a los autores de este libro: «Interpretamos la decisión como algo positivo, porque significaba que el Bayern disponía de más tiempo para centrarse en los jugadores jóvenes, y por eso dieron la oportunidad a Beckenbauer, Müller y Maier, en lugar de comprar jugadores mayores a otros clubes». El descubrimiento de estos tres diamantes en la cantera llevaría al club a lo más alto del fútbol europeo.

Sepp Maier tenía 15 años cuando conoció a Franz Beckenbauer en la cantera del Bayern. El portero nació en el estado de Baviera y nunca quiso dejar el club a pesar de recibir varias ofertas de otros clubes europeos a lo largo de su carrera. Se quedó toda su vida deportiva en el Bayern de Múnich. Beckenbauer nació aún más cerca del campo de Bayern en el suburbio de Giesing. La expectación era que iba a fichar para el 1860 Múnich que fue el poderoso club de la ciudad en aquella época. Fichó para el Bayern en vez de 1860 Múnich porque cuando tenía solo 12 años, jugando con SC 1906, había enfrentado a 1860 Múnich y había quejado de sus faltas incesantes. Por su queja, alguien le había dado una bofetada en la cara. Nunca lo olvidó y cuando tuvo la oportunidad de fichar para el aún pequeño Bayern en vez del grande 1860 Múnich, no dudó. Gerd Müller era otro nativo de Baviera. Llegó a Bayern con 17 años fichado del club amateur TSV Nördlingen donde había marcado 51 goles en la temporada 1963-64. No dejó nunca ese nivel goleador. No solo para el Bayern, donde iba a marcar 365 goles en 427 partidos, sino también para la selección alemana marcando 68 goles en 62 partidos. Müller iba a marcar el gol decisivo cuando los alemanes ganaron por 2-1 a Holanda en la final del mundial en 1974. Antes de que los tres hicieron historia con su selección tenían otra tarea —levantar el Bayern de la lona donde se encontraba después de no entrar en la primera Bundesliga—.

Entre 1945 y 1963 Bayern había pasado varias temporadas en la zona media de la «oberliga süd». También había descendido del «oberliga» en 1955 y había vuelto en 1956 cuando ganó su primera Copa de Alemania (DFB-Pokal). Después de que el DFB se lo negaron su lugar en la nueva liga, el club contrató a Zlatko Čajkovski quien había ganado la liga de 1962 con FC Köln. Él hizo debutar a Beckenbauer, Müller y Maier y con estos tres el club ascendió a la Bundesliga por primera vez en 1965. En su primer año en primera acabaron terceros y ganaron la copa DFB Pokal. El año siguiente ganaron la Recopa contra los Rangers de Glasgow, el primer trofeo europeo en la historia del Bayern de Múnich.

Cuando dejó el puesto, Čajkovski recomendó al club su compatriota Branko Zebec. Los dos habían sido compañeros de la selección de Yugoslavia. Zebec era más duro que Čajkovski. Puso más énfasis en la defensa. Y con él, Bayern ganó su primera Bundesliga en 1969.

El mismo año Bayern ganó otra copa DFB Pokal. De este modo, se convirtió en el primer equipo en hacer el doblete. Algo especial estaba pasando. Hace solo tres años el Bayern había ganado únicamente un campeonato y una copa. Ahora, entraba en una nueva década, los setenta, habiendo ganado siete.

Mientras tanto, en España, Real Madrid ya había ganado seis Copas de Europa. Esa era la tarea pendiente. En los años setenta Bayern, con sus tres diamantes, iba a ganarla tres veces seguidas empezando en 1974 con una victoria por 4-0 al Atlético de Madrid en un partido de desempate tras un 1-1 dramático.

Hans-Georg Schwarzenbeck era el hombre más importante del primer partido. En la prórroga marcó en el minuto 120 para empatar el gol marcado en el minuto 114 por Luis Aragonés. Schwarzenbeck era defensa con poco gol, pero avanzaba por el medio campo y cuando vio que no hubo mucha resistencia chutó de lejos y batió a Miguel Reina para dejar estupefactos a los jugadores del Atlético.

Cuando faltaban seis minutos de la prórroga, Aragonés había marcado con un tiro libre perfecto, un disparo que el mejor portero del mundo, Maier, no pudo parar. Cuando faltaban no más que unos segundos el equipo español creía que había ganado su primera Copa de Europa. En cambio, iba a ser el Bayern campeón gracias a un 4-0 en el segundo partido, jugado solo dos días más tarde en el mismo Estadio de Heysel en Bruselas. Uli Hoeness y Müller marcaron un doblete cada uno, y de parte de un Atlético agotado y moralmente destrozado, no hubo respuesta. Hoeness, Müller, Maier, Paul Breitner, Beckenbauer y Schwarzenbeck jugaron la final unas semanas antes de representar Alemania en el mundial de la que era anfitriona. Llegarían a ser campeones del mundo y en el Estadio Olímpico de Múnich que se había construido en 1972 para los Juegos Olímpicos y que se había convertido en la nueva casa del Bayern.

Cuando Bayern ganó la Bundesliga en 1972 jugó su último partido de la temporada contra Schalke 04 ganando por 5-1. Ese partido pasó a la historia por ser el primer partido de Bayern en el Olympiastadion. También es recordado por ser el primer partido televisado en directo. El Bayern reinaba tanto en la pantalla como en el campo. Quizás era inevitable que la historia los llevaría a Hollywood.

«FC Hollywood» fue donde el fútbol se encontró con la farándula. En 1975 y 1976 Bayern había ganado dos Copas de Europa más. Fue el tercer club en la historia después de

Real Madrid y Ajax en ganarla tres años seguidos. Pero no ganaría ninguna más en lo que quedaba del siglo. En los ochenta nada, y en los noventa tampoco. Fue en los noventa cuando las carencias del club empezaban a ir de la mano de una telenovela constante y a los Reyes de Europa les empezaban a llamar por otro nombre.

El fenómeno de «FC Hollywood» coincidió sobre todo con las dos etapas de Giovanni Trapattoni. Alcanzó su apogeo en una rueda de prensa mítica el 10 de marzo de 1998, en el segundo mandato del entrenador italiano. Trapattoni había llegado para su primera etapa en 1994. Llegó a un Bayern campeón de la Bundesliga. A Erich Ribbeck le habían despedido en las Navidades de 1993. Beckenbauer, ahora hombre de traje y corbata no de pantalón corto y brazalete de capitán, había llegado al rescate y en su primera etapa como entrenador había guiado al equipo a ganar la Bundesliga.

Sin embargo, él no quería seguir. Quería volver a la presidencia, así que el Bayern fichó a Trapattoni quien había ganado la Copa de Europa con el Juventus más siete *scudetti* durante una ilustre carrera en Italia.

Había grandes esperanzas al principio de la primera temporada de Trapattoni. Lothar Matthäus era la estrella del Bayern. Trapattoni había trabajado con él en el Inter. Al principio parecía que el técnico italiano iba a firmar con la Roma y quería fichar al mediocampista alemán.

Matthäus estaba retrasando su decisión de extender su contrato con el Bayern. Sabía que Trapattoni le quería en la Roma. Pero al final Trapattoni no se fue a la Roma y dijo a Matthäus que debería quedarse en el Bayern porque ahí iba a ir él. Los dos iban a trabajar juntos otra vez.

En ese momento había una batalla en la junta directiva del Bayern entre Hoeness y Beckenbauer y Karl-Heinz Rummenigge, los dos últimos pidiendo que el club gastara más dinero con el objetivo de hacerlo grande otra vez. Al final, convencieron a Hoeness y el club también fichó a Oliver Khan y Jean-Pierre Papin. Había un equipazo para el nuevo técnico.

A pesar de tener un equipo para ganar la Liga de Campeones, el Bayern acabó en sexto lugar en la Bundesliga. Trapattoni no quería quedarse y volvió a Italia tras solo un año. Otto Rehhagel, quien había ganado la Bundesliga con el Bremen en la temporada 1992-93, llegó para reemplazarle. Era muy disciplinario. Pero en el Bayern encontró niveles de indisciplina más allá de sus capacidades. Al principio de la temporada 1995-96 el Bayern fichó a Jürgen Klinsmann, un delantero que había compartido vestuario con Matthäus en el Inter. No eran amigos y su relación iba de mal a peor en los dos años en que Klinsmann jugó en el Bayern. Klinsmann fue nombrado capitán de la selección alemana a costa de Matthäus. En el verano de 1996 Matthäus no estaba convocado para la Eurocopa y Alemania la ganó sin él y con Klinsmann de capitán. Matthäus estaba convencido de que Klinsmann había montado una campaña en su contra para influir al entrenador de la selección Berti Vogts.

Durante estos dos años había dos bandos en el Bayern con Matthaüs y Klinsmann enfrentados constantemente. Era FC Hollywood en su forma más pura. Y para darle una vuelta de tuerca más, para la temporada 1996-97 Trapattoni volvió al banquillo del Bayern.

En la temporada 1995-96 el club logró llegar a la final de la Copa de UEFA, pero a Rehhagel le habían despedido un mes antes. Beckenbauer volvió al mando para el partido y Bayern ganó al Girondins de Bordeaux. Una vez más, Beckenbauer no quería quedarse en el banquillo. ¿A quién iba a llamar? A Trapattoni, claro.

En su segunda etapa, el italiano se quedó dos temporadas y ganó la Bundesliga en la primera. Pero no era una temporada tranquila ni mucho menos. Trapattoni peleó con Klinsmann sobre la táctica. Al delantero no le gustó que en muchos partidos el entrenador lo sustituyera. Después de un empate a cero contra el colista Freiburg en el que Klinsmann nuevamente fue sustituido en la segunda parte, el delantero insultó a Trapattoni y dio una patada a un anuncio a pie de campo mientras se marchaba. Klinsmann dejó el club y firmó para la Sampdoria al final de la temporada.

En la campaña 1997-98 nada mejoró. Y fue el colmo de los años del «FC Hollywood». Y ahora llegamos a la mítica rueda de prensa de Trapattoni.

El equipo echó de menos los goles de Klinsmann. El rendimiento del equipo en el campo no era lo esperado, mientras por la noche en Múnich no era nada fuera de lo común ver a los jugadores pasándolo bien, como si nada sucediera. Hoeness, director general del club, contrató investigadores privados para espiar a los jugadores.

El equipo de Trapattoni terminó segundo en la liga. El Kaiserslautern ganó la liga bajo la dirección de nada menos que Rehhagel. El éxito del ex del Bayern fue otro indicio de que quizás los entrenadores no eran el problema. Trapattoni dejó el Bayern al final de la temporada y lo que queda para siempre en la memoria de los aficionados es aquella rueda de prensa el 10 de marzo. Dos días antes el Bayern había perdido 1-0 a domicilio contra el Schalke. Era evidente que no iba a ganar la liga. A Trapattoni le habían criticado por su alineación en esa derrota. Él canceló la sesión de entrenamiento programada para el siguiente día y se fue a Italia para preparar cuidadosamente un discurso explosivo dirigido a sus jugadores y a la prensa que le había criticado. Quería decirlo bien y quería decirlo en alemán.

Había mejorado su nivel de alemán de su primera etapa, pero no tanto. En un sentido, eso hacía que su diatriba tuviera aún más impacto. Las frases dichas en esa comparecencia se han quedado en el lenguaje futbolístico de los aficionados. Muchos de ellos eran chavales. Imitaron a Trapattoni en el patio del colegio al día siguiente y siguen repitiendo las frases casi treinta años después.

«¿Están preparados?», empezó, dirigiéndose a la prensa congregada. Comentó que había jugadores en el club que habían «olvidado» que eran profesionales. Atacó a la prensa, quienes le habían criticado por dejar fuera a Mehmet Scholl y Mario Basler contra Schalke y por jugar, en general, de una forma defensiva.

Dijo a la prensa que ningún otro equipo alemán jugaba tan ofensivo como el Bayern, nombrando los tres delanteros que él había elegido contra Schalke 04 y diciendo que uno de ellos, Alexander Zickler, era mucho mejor que los dos que había dejado fuera del once inicial.

«¡El entrenador no es idiota!», dijo, explicando que había escogido el once basado en lo que él veía en el entrenamiento. De los jugadores que había dejado en el banquillo dijo: «Estos jugadores eran débiles como una botella vacía».

No solo era que la gente viera por primera vez ese teatro, sino que tampoco había visto un entrenador tan enojado públicamente usando frases raras de alguien hablando en un idioma que no era el suyo. Golpeando la mesa continuó: «¡Estos jugadores se quejan más que juegan! ¿Sabes por qué los clubes italianos no compran estos jugadores? Porque han visto demasiados partidos malos».

También parecía que estaba criticando a la junta directiva por la plantilla con que tenía que trabajar, hablando de los buenos jugadores de la temporada pasada que habían salido del club, y de los jugadores que se habían quedado, pero que nunca estaban disponibles.

Cuanto más se enfadaba, peor era su alemán, pero todos captaron el mensaje. Al final dijo: «*Ich habe fertig*», un comentario que quiere decir: «He terminado». Y se fue del escenario.

Unos días más tarde llegó a un acuerdo con el club de finalizar su contrato al final de la temporada, a pesar de los dos años que le quedaban.

Al año siguiente llegó Ottmar Hitzfeld como nuevo entrenador. El Bayern ganó tres ligas consecutivas y la primera Copa de Europa en 25 años al ganarle al Valencia en 2001. Aún quedaban algunos restos del «FC Hollywood», pero el nuevo siglo había dado paso a un Bayern mucho más serio.

El 27 de febrero de 2000 el club cumplió su centenario con otro aire. Había pasado un siglo de cambios extremos. Había ido de la persecución al olvido, a la gloria, a la decadencia y, ahora, a la reconstrucción —100 años de ser muchos clubes en uno—.

3.
St. Pauli: Los piratas del distrito rojo

En la primavera de 1977, la movida punk estaba en alza. The Sex Pistols cantaban *God Save the Queen* por primera vez declarando: «No hay futuro en el sueño de Inglaterra».

En Alemania el club de fútbol ahora considerado el más punk de la historia todavía no era nada punk. El St. Pauli, del distrito del mismo nombre en la ciudad de Hamburgo, tenía su propio sueño y tampoco parecía que tenía mucho futuro. Quería establecerse en la Bundesliga a donde había llegado por primera vez en su historia.

Había 18.000 aficionados en el estadio Millerntor para ver al equipo ganar 3-1 a Werder Bremen en la primera jornada de aquella temporada 1977-78. El St. Pauli de Diethelm Ferner encajó el primer gol, pero Dietmar Demuth marcó dos penaltis en el minuto 80 y 88 para remontar y Franz Gerber hizo el 3-1 en el minuto 90.

El aforo limitado hizo que el club decidiera jugar varios partidos de aquella primera temporada en la Bundesliga en el campo del Hamburgo SV. Su Volksparkstadion tenía un aforo de 48.000 así que, los ingresos de los partidos fueron mayores. Pero el club perdió algo de su esencia jugando fuera del Millerntor, y también perdió muchos partidos.

El actual presidente del St. Pauli es Oke Göttlich, un tipo alegre y motivado. Es tan visionario como pragmático. Y es alguien que estuvo ahí desde el principio. (c) FCSP.

Jugó un partido «en casa» contra Borussia Dortmund en el Volksparkstadion y lo perdió por 6-3. Jugó otro partido «en casa» contra Hamburgo en el Volksparkstadion y perdió por 1-0. La rivalidad entre los dos equipos de la ciudad no era tan intensa como iba a ser en épocas posteriores. Los aficionados de St. Pauli no habían protestado mucho la decisión de jugar en el Volksparkstadion. Pero la rivalidad sí era lo suficiente para sufrir cuando les ganó su vecino.

No todo le fue mal a St. Pauli en el Volksparkstadion en esa temporada. En la jornada seis jugó como visitante contra Hamburgo y le ganó. El equipo —que iba a acabar la temporada siguiente como campeón de la Bundesliga— fue derrotado por su pequeño rival gracias a goles de Gerber y de Wolfgang Kulka. Gerber, llamado «la serpiente» porque le gustaba tener reptiles como mascotas, marcó 16 goles en esa temporada, pero no fue suficiente para evitar el descenso. El St. Pauli terminó colista.

A partir de su descenso en 1978, el St. Pauli pasaría nueve años fuera de la Bundesliga. Cuando volvió a subir en 1988 el club sí era punk y con el espíritu del pirata muy presente. Nadie sabe muy bien exactamente cuando pasó. Pero todo el mundo sabe quién fue. Doc Mabuse, cantante de un grupo punk de Hamburgo y figura importante de la escena contracultural de la ciudad, compró una bandera con una calavera con los huesos cruzados en un mercado local. Clavó la bandera pirata (Jolly Roger en inglés) a un palo de escoba y se la llevó al Millerntor. Desde entonces, ha bromeado en varias entrevistas que debería haber encontrado la manera de registrarlo porque está estampada en todos los productos de *merchandising* del club, y el St. Pauli se ve en todas partes. Ha conquistado el mundo. Y lo ha hecho sin ganar ningún trofeo.

Dejamos la bandera pirata por un momento y hablamos de presidentes. El actual es Oke Göttlich, un tipo alegre y motivado. Es tan visionario como pragmático. Y es alguien que estuvo ahí desde el principio. Cuenta a los autores de este libro: «Comencé como aficionado después de quizás el periodo más exitoso en la historia del FC St. Pauli, habiendo jugado tres temporadas consecutivas en la Bundesliga (88-91). Empecé a ir a los partidos a principios de los años noventa, aunque no vivía en Hamburgo, sino a 150 kilómetros de distancia. Pero me enganché. Y a lo largo de los años me involucraba cada vez más en el club. Antes de convertirme en periodista, producía una revista para jóvenes y moderaba la cobertura radiofónica para seguidores ciegos. Luego fundé una empresa como mánager musical y eso significó que era lo suficientemente independiente financieramente como para convertirme en presidente voluntario en 2014».

En 2022, el cargo de presidente pasó a ser un puesto remunerado. A Oke le queda un año más de mandato. «Siempre intento hacer avanzar las cosas y no pensar en los límites», dice. Él se lanzó a pesar de que al principio su abogado le aconsejó no hacerlo. «Me dijo: "Oke, no deberías hacerlo en absoluto. ¡Es un ascenso al Everest sin máscara de oxígeno!"».

Ahora tiene una tarea difícil: atender a las preocupaciones de los aficionados mayores y más locales del St. Pauli; así como mantener contentos a una base de fans más global. Además, necesita mantener competitivo al club, sin alejarse demasiado de los valores de los amigos de Doc Mabuse.

«Hay varias responsabilidades», dice. «Sentarme en la junta directiva de la Federación Alemana de Fútbol (DFB) también es una responsabilidad, ya que tengo objetivos diferentes a cuando soy el que intenta representar la comunidad del St. Pauli en su lucha contra proyectos de gentrificación en los que el FC St. Pauli tiene intereses: "Por favor, consideren a las personas que viven allí, que puedan pagar los alquileres". Es un papel interesante, diverso y exigente, y eso me gusta. El universo de St. Pauli es muy diverso y sabes que no puedes hacerlo bien para todos; pero lo intentas. Esa es la historia de este club de fútbol. No siempre puedes cumplir con todas las expectativas, pero estás tratando de encontrar un camino mejor. Estamos tratando de hacerlo a través de la plataforma del fútbol y somos un ejemplo muy raro en el mundo, donde la comunidad, la transparencia y los aspectos de participación son muy importantes, incluso cuando estamos tratando de sobrevivir en una de las cinco mejores ligas del mundo. Queremos establecernos en el nivel más alto posible, aunque sabemos que el mundo del fútbol profesional no comparte todos nuestros valores, pero estamos ahí, con pequeños pasos, intentando trabajar en la visión que tenemos, como un club de fútbol comunitario».

¿Qué diría del St. Pauli moderno Doc Mabuse? Cuando él consideró que el club se había vuelto demasiado convencional y comercial, algunos años después de sus mejores años al principio de los noventa, él empezó a ir a un club aún más pequeño de Hamburgo, el Altona 93. «En el club todavía hay gente con fuertes vínculos con el pasado», dice Oke. «Pero a medida que las personas envejecen, pueden cambiar sus actitudes hacia algunas cosas. Esta es una transformación muy interesante por la que todos hemos estado atravesando durante años».

En la primera parte de los años ochenta es claro que Mabuse se había convertido en el primer pirata de St. Pauli. Era una figura importante de la escena punk y un okupa de Hafenstraße, una calle casi tan mítica en Hamburgo como la Reeperbahn. Si sales del Millerntor y caminas hacia el sur, en 15 minutos llegarás a la Reeperbahn, el barrio rojo de Hamburgo. Y si no te quedas demasiado tiempo ahí, en lo que llaman *die sündige Meile* en alemán o «la milla del pecado» en español, y continúas hacía al sur, llegarás a la última calle antes del puerto de Hamburgo, Hafenstraße. En esa calle en 1981 se okuparon 12 enormes bloques de apartamentos construidos a principios del siglo. Estaban muy deteriorados y el Ayuntamiento de Hamburgo quería demolerlos. Los okupas lucharon contra lo que veían como una gentrificación del barrio de St. Pauli. Algunos de ellos acabarían haciendo del club FC St. Pauli un símbolo global de la lucha contra la gentrificación no solamente de los barrios obreros, sino del fútbol.

Con el tiempo, el número de personas que se congregaban en torno a Mabuse y sus amigos, creció. En la grada «Gegengerade», en el lado oeste del estadio, detrás de los banquillos, se estableció lo que se conoció como el «bloque de la Hafenstraße». Escribe Nick Davidson en su libro sobre St. Pauli *Pirates Punks & Politics* que no todos los miembros de esta facción procedían de las casas okupas. Se les unieron otras personas que, aunque, «no participaban directamente en la comunidad de la Hafenstraße, simpatizaban con los sentimientos y apoyaban la política y la ideología de esta nueva escena de hinchas».

Hay que recordar que, en los años 80, no era solo la época de los especuladores inmobiliarios que compraban inmuebles en zonas degradadas y construían bloques de apartamentos caros en barrios donde se necesitaban vivienda social. También, era una época en que la extrema derecha aprovechaba del clima económico culpando a los inmigrantes de todos los males de la sociedad. Ellos veían en el fútbol la misma oportunidad que los especuladores veían en los edificios decadentes: la posibilidad de aprovechar el abandono.

Grupos de la ultraderecha reclutaban en las gradas de los estadios de fútbol. La violencia en el fútbol iba de la mano con la política extremista. Los ultras de Hertha Berlín se llamaba «Zyklon B» por un gas usado en los campos de concentración de los nazis; para dar solo un ejemplo terrible de cómo era el fenómeno en Alemania. A este ambiente tóxico, apareció este otro fenómeno del Millerntor: un grupo de aficionados que no querían enfrentarse a nadie, salvo a la policía que intentaba desalojarlos de sus casas okupas y que entonaban cánticos sobre justicia social en lugar de prejuicios odiosos.

Volviendo a Hafenstraße, los okupas habían firmado un contrato de uso temporal en 1982 con el Ayuntamiento. Pidieron que les dejara restaurar los edificios ellos mismos. El Ayuntamiento rechazó esa propuesta y en 1986, cuando el acuerdo había expirado, los intentaron echar. Pero como Hafenstraße se había convertido en el corazón del movimiento antifascista y anticapitalista, alrededor de 12.000 personas marcharon en defensa de los okupas. En el campo, el St. Pauli estaba luchando para volver a la Bundesliga. Los amigos de Doc Mabuse estaban comprometidos con ambas causas.

El club tardó en conectar con este aspecto contracultural que en el futuro lo iba a hacer tan distinto. En 1987 había tratado de cambiar su nombre con la DFB para incorporar el nombre de un banco que lo patrocinaba. Nunca hubiera ganado los corazones de la gente de todas partes del mundo si se hubiera llamado «FC "Deutscher Ring" St. Pauli». El DFB rechazó la petición.

Esa misma temporada (1986-87), el FC St. Pauli había acabado en tercer lugar en la segunda división. Tenía que jugar un *play-off* del ascenso contra Homberg, el equipo que había acabado antepenúltimo en primera. Perdió el primer partido por 3-1. En la vuelta ganó por 2-1, así que tuvo que jugar otra temporada en segunda antes de volver a la Bundesliga al año siguiente. Sin embargo, ese partido del *play-off* fue televisado en abierto y había mucha gente viendo a los 18.500 seguidores de St. Pauli en el Millerntor y viendo al club jugar por primera vez. Ya tenía fama en Hamburgo, ahora empezaba a tener fama nacional. Un año después, y aún en la cresta de la ola de ese impacto nacional, el FC St. Pauli no necesitó ir al *play-off* para ascender. Con un empate contra SSV Ulm 1846 en la última jornada de la temporada consiguió el ascenso y esta vez no fue cosa de una sola temporada. Durante tres campañas St. Pauli fue un club de la Bundesliga, la época en que Oke Göttlich empezó a ir al Millentor.

Volvió a descender en 1991. Regresó a primera, por dos temporadas, en 1995. Bajó en 1997 y ascendió de nuevo en 2001. Solo duró una temporada. Volvió a primera en 2010. Con cada ascenso el club se ha sentido más fuerte, más capaz de competir con los grandes. Pero sus aficionados no quieren que el club se convierta en lo que pretende ganar. La lucha de St. Pauli contra el fútbol moderno no puede terminar. Hay que renovar el estadio, pero no a cualquier coste.

Al inicio de la temporada 2010-11 el fondo sur del campo y la tribuna principal en el lado este fueron renovados. La polémica provocada por la forma en que se realizó esa renovación marcó la temporada casi más que lo que pasó en el campo. Está muy bien contado por Nick Davidson en su libro *Pirates Punks & Politics*. Más de la mitad de los 4.800 asientos de la nueva Haupttribüne se vendieron como asientos de *business*. La tribuna tenía el doble de palcos ejecutivos de los que se habían acordado previamente. Y entre ellos había uno para un local de *striptease*, Susi's Showbar, con bailarinas de barra actuando durante los partidos. Los aficionados estaban enfadados. Parecía que el club se había olvidado de sus compromisos anticapitalistas y antisexistas. Un grupo de fans que se autodenominaban como los «románticos sociales» lideraba la lucha contra estas propuestas. Un *Sozialromantiker*, como se dice en alemán, era alguien que vivía demasiado pegado al pasado y que dejaba su sentido de nostalgia nublar su juicio. Ese término lo había usado el expresidente del St. Pauli, Corny Littmann (2003-2010), quien dimitió justo después de que el club volviera a primera.

Era en 2003 cuando el club se salvó de la quiebra y Littmann era una figura importante en esa lucha. Era el primer presidente abiertamente gay de la Bundesliga y para muchos representaba bien los valores del club. Sin embargo, en otras ocasiones no estaba de acuerdo con los aficionados. *Sozialromantiker* era sin duda un término despectivo, pero los hinchas rebeldes recuperaron la palabra y la adoptaron como apodo. No era la primera vez que los aficionados de St. Pauli cogían un insulto y lo hacían suyo. En los años 80 fueron llamados *Zecken*, un término mejor traducido como «garrapata». Un insulto utilizado por los extremistas de derechas para denigrar a sus víctimas con la insinuación de que chupan recursos y beneficios de una sociedad a la que no tienen derecho de formar parte.

En una entrevista con el diario *Hamburger Abendblatt*, un aficionado de St. Pauli, Sven Brux, dijo: «Como muchos de nuestros hinchas proceden de la izquierda, a finales de los años 80 se nos calificó cada vez más como *Zecken*. Pero como siempre hemos tenido una buena dosis de autoironía, simplemente nos llamamos así y a principios de los 90 estampamos unas camisetas con el lema "Zecken on tour ('de gira')"». Brux es uno de los originales de la masa social de FC St. Pauli y es alguien que nunca ha bajado del barco. «Ahora organiza todos los partidos y se encarga de la seguridad», dice el actual presidente Göttlich. «Y él tiene vínculos con el movimiento Hafenstraße».

Así que en la campaña 2010-11 fueron los «Sozialromantiker» los que llevaron la lucha al club. En el parón invernal empezaron a preparar una protesta para el primer partido en casa de 2011. Los aficionados aceptaron que el club tenía que generar ingresos. Al principio del siglo estuvo al borde de la quiebra. Un movimiento de los aficionados llamado *Retter* («Salvador») lo había sacado del abismo. Pero no iban a aceptar, sin cuestionarlo, una comercialización desenfrenada de todos los aspectos del club.

No querían tantos asientos *business* ni hombres ricos y sudorosos viendo bailarinas de barra en lugar del fútbol desde sus palcos ejecutivos del Millerntor. Había que expulsar a los mercaderes del templo. Los «Sozialromantiker» amenazaron al club con boicotear a los vendedores de comida y de bebida dentro del estadio y, si eso no funcionaba, boicotear los partidos en sí. Más de 3.000 aficionados firmaron una petición y el movimiento produjo su propio *merchandising* con la tradicional calavera pirata, ahora en negro, sobre un fondo rojo «¡Iban muy en serio!». En el primer partido, de la segunda parte de la temporada (2010-11), contra Freiburg el estadio se tiñó de rojo cuando los hinchas levantaron carteles en señal de protesta. Todos cantaron un nuevo cántico: *Bring back my St. Pauli to me* («¡Devuélvame mi antiguo St. Pauli!)». Era una versión de una vieja canción folclórica escocesa y su mensaje encajó perfectamente. El club escuchó a los fans. Al menos cuando renovó el famoso Gengengerade el año después. Lo hicieron con 10.000 puestos para aficionados quienes querían quedarse de pie y con precios alrededor de 12 euros.

El club sabía que se tenía que hacer caso a los aficionados. Al fin y al cabo, estos eran los «hijos e hijas» de los que habían impedido la demolición de 12 enormes bloques de apartamentos en Hafenstraße 30 años antes. Tal como la batalla contra la gentrificación del fútbol nunca termina, tampoco hay tregua en ella contra la extrema derecha. St. Pauli volvió a la Bundesliga por sexta vez en 2024 pero hubo un incidente más que desagradable en plena temporada triunfal.

En la madrugada del 1 de octubre de 2023, un grupo de aficionados del club estaba de regreso a la ciudad de Leipzig en un minibús. Habían visto St. Pauli ganar por 2-1 en el campo del Hertha Berlín. Pararon en una gasolinera cuando fueron atacados por hombres enmascarados armados con palos. Resultó que los agresores eran seguidores de Halleschen FC. Ellos mismos estaban camino a casa después de ver a su equipo jugar a domicilio. Las víctimas denunciaron el delito inmediatamente y la policía local paró el autobús de los seguidores de Halleschen. Se incautaron posibles pruebas y bienes robados. Pero en las semanas posteriores hubo sospechas de cierta reticencia en cuanto a investigar algo que probablemente tenía motivos políticos. Hicieron falta presiones de algunos políticos para que al final el Ministerio del Interior hiciera algo.

Informó el diario regional *Mitteldeutsche Zeitung* que al final, 52 personas fueron investigadas por alteración y robo. Catorce de ellas eran conocidas por la policía como delincuentes violentos. No hubo arrepentimiento por parte de los autores. En el siguiente partido en casa, los violentos alardearon del incidente con panfletos. Durante el ataque, los agresores habían insultado a los seguidores de St. Pauli llamándoles «Zecken» (*garrapata*). El insulto de siempre.

«Estuve en contacto directo con la peña que fue atacada», dice el presidente Göttlich. «Intentamos apoyar en lo que pudimos mientras el sistema de justicia intentaba hacer su trabajo. Todos sabíamos cómo terminaría. Supongo que nadie será realmente castigado. Pero apoyamos a nuestros fans y, por supuesto, intentamos ayudar a la policía a encontrar a los infractores. También nos aseguramos de que se hiciera público lo que era un ataque grave. Ahora es peor que cuando yo empezaba a ir a los partidos debido al movimiento de derechas en Europa. Un club como el St. Pauli, que defiende el progreso, la diversidad y la integración, está recibiendo cada vez más ataques en las redes sociales porque la gente siente dentro de este movimiento de derechas que puede oponerse a organizaciones más progresistas. Se están haciendo oír mucho más que en los últimos años. "Asustado" no sería la palabra adecuada porque no nos dejamos asustar por ello, pero es algo que estamos viendo cada vez más. También lo vemos en los partidos cuando jugamos contra el Halleschen FC en la Copa, en esa ocasión hubo más ataques verbales».

Jugadores históricos del St. Pauli posan con una recreación de la equipación de 1910, con motivo del centenario. De pie, de izquierda a derecha: Dietmar Demuth, Jens-Peter Box, Klaus Thomforde, Benjamin Adrion, Dirk Dammann, Martin Driller, Rudolf Sturz, Jürgen Gronau, Michael Dahms, Christian Springer, Christian Rahn, Ján Kocian, André Trulsen, Helmut Schulte. Agachados, de izquierda a derecha: Volker Ippig, André Golke, Hansi Bargfrede, Klaus Ottens, Dirk Zander, Bernd Hollerbach, Peter Knäbel, Holger Stanislawski, Ivan Klasnić, Michél Mazingu-Dinzey y Ralf Sievers, Ralph Gunesch. © Benutzer: BUH/ Wahrerwattwurm/Wikimedia.

El St. Pauli es quizás el club más politizado del mundo. Atrae devoción por ello, pero también a veces el odio. Otra consecuencia se ve cuando hay un nuevo evento mundial y el club y sus aficionados toman una posición al respecto. El 7 de octubre de 2023, Hamás y otros grupos armados atacaron comunidades y ciudades israelíes tomando alrededor de 250 rehenes y, según datos de Al Jazeera publicados al final de julio de 2024, matando a 1.139 personas. Israel respondió matando —según datos de Al Jazeera publicados al final de julio 2024— al menos a 39.175 personas. Y en abril 2024 la ONG Save the Children publicó un informe en el que detallaba, con cifras de Naciones Unidas y el Ministerio de Sanidad de Gaza, que, en los seis meses transcurridos desde los ataques del 7 de octubre, en los que murieron 33 niños, más de 13.800 menores habían perdido la vida en Gaza y 113 en Cisjordania.

El St. Pauli emitió un comunicado condenando los ataques del 7 de octubre, los llamaron «extremadamente inquietantes». Cuando ante la respuesta militar israelí, no hubo un comunicado parecido, 14 peñas del St. Pauli, incluidas las de Catalunya y Glasgow, emitieron su propio comunicado conjunto con tres puntos importantes: expreso su apoyo «al derecho del pueblo palestino a la autodefensa y autodeterminación», comprensión ante la relación especial y sensible entre Alemania e Israel; y la condena de la «brutalidad indescriptible» del régimen de Hamás.

La coordinadora de las peñas del St. Pauli respondió con otro comunicado que decía que las peñas internacionales habían «cruzado la línea» y que era «completamente inaceptable minimizar y legitimar los ataques terroristas de Hamás». El diario catalán *El Periódico* habló con uno de los miembros de la peña de Catalunya. «Nos molestó que se dijera que legitimamos a Hamás cuando en el mismo comunicado condenamos sus acciones», les explicó.

El FC St. Pauli tampoco estaba contento con la idea de que defendiendo a las víctimas de Hamás habían apoyado la guerra. «Es pura teoría de la conspiración que nos hayamos pronunciado a favor de la guerra. No hay declaraciones al respecto», dice Göttlich. «Y sí, hay clubes de fans de fuera de Alemania, clubes de fans de Escocia y de España que definitivamente no estaban contentos de que no tuviéramos más en cuenta lo que estaba sucediendo en Palestina, donde muchas personas fueron asesinadas y donde el trato fue inhumano por parte de los israelíes. Pero el club lo tiene claro, hay que decir "un alto del fuego ahora", pero solo si también dices "liberar a los rehenes y que se joda Hamás". St. Pauli está en contra de la guerra y a favor de la humanidad. Lo que me entristece es que a veces los progresistas no se mantienen unidos. Es desgarrador ver a los progresistas divididos por sus puntos de vista sobre la situación palestino-israelí».

La unidad entre varias peñas locales y otras peñas internacionales parecía rota y en diciembre del 2023 la peña de Catalunya emitió un comunicado en las redes sociales en el que anunciaba su cierre, diciendo que la situación «les había empujado al final de su aventura pirata». También peñas en Bilbao y Atenas anunciaron su disolución.

Carles Viñas, historiador, y autor del libro *St. Pauli: otro fútbol es posible*, dijo a *El Periódico*: «La decepción de las peñas es con la grada más que con el club. Para ellos no posicionarse con Israel o ser crítico ya es antisemitismo». Las peñas internacionales habían percibido que, la inclinación natural alemana de tomar partido por Israel, había nublado el juicio sobre cómo responder a las acciones de las Fuerzas de Defensa de Israel.

«Cuando lo miras bien», dice Göttlich, «claro que ambas partes están siendo inhumanas con la otra y eso hay que denunciarlo e intentar hacer todo lo que nosotros, como pequeño club de fútbol, podemos hacer». Hay tantos ejemplos en todo el mundo en los que las personas no viven en entornos seguros, ya sea por el cambio climático o por la represión política o religiosa, lo que significa que las personas tienen que abandonar sus países, lo que luego genera otras complicaciones en otros países que luego se utilizan para crear aún más divisiones en la sociedad.

> «Nuestros Ultras tienen una larga amistad con Hapoel Tel Aviv, cuyos ultras son claramente antifascistas y antirracistas. En el verano de 2023 jugamos contra el Hapoel en el Millerntor. Así que después del 7 de octubre, por supuesto, enviamos nuestras condolencias como se hace entre amigos. Y hemos expresado nuestra esperanza de que esta masacre no provoque más sufrimiento para la población civil de ambos lados. En aquel momento, por cierto, no hubo ningún contraataque del ejército israelí contra Gaza. Poco des-

pués pedimos donaciones para la población civil, y en mi discurso en la Asamblea General dejé clara nuestra posición: liberación de rehenes y alto el fuego».

El FC St. Pauli había respondido a *El Periódico* en plena polémica diciendo que no quería «tomar partido en debates polarizados y simplistas en las redes sociales». Parecía una respuesta muy bien medida, pero ¿no podría argumentarse que la historia del St. Pauli desde su primer partido de la Bundesliga en 1977 se ha construido sobre el principio de «tomar partido»? Este es el club que en 2009 puso sus principios en sus estatutos declarando: «La tolerancia y el respeto en las relaciones humanas mutuas son pilares importantes de la filosofía del St. Pauli». Sus críticos les dirán que «se dediquen al fútbol». Pero ¿no es cierto que todo es política? ¿Acaso la decisión de cobrar solo 12 euros por entradas no es política y futbolística a la vez?

Göttlich no tiene miedo de «tomar partido», pero tiene que hacerlo con cuidado. Intentando estar, por encima de todo, del lado de lo humanitario. «Sí, hay que echar a Netanyahu, de eso no hay duda», dice. «Entre los rehenes había jóvenes aficionados al Werder Bremen y al FC St. Pauli. Uno de ellos fue asesinado tras permanecer como rehén durante casi un año. ¿No deberíamos llorar a estas personas? Es simplemente algo de prohumanidad. Pero claro, las interpretaciones de algunos son diferentes. Para mí es triste porque la gente de Bilbao, Barcelona y Glasgow siguen siendo amigos de St. Pauli. ¡A San Pauli le gustan! Y no solo por su compromiso con el club, sino que me gustan mucho por su activismo político. Creo que todavía tenemos un 90 por ciento más en común en muchos niveles diferentes. Quizás podamos volver a ese terreno común. Sería genial».

De haber decepcionado a las peñas lejos del barrio de St. Pauli hasta el hecho de que el presidente ahora es un cargo asalariado, hay muchos dardos dirigidos al club. La acusación de doble moral respecto al «merchandising» es otro. Gottlich no evita ninguna de ellos. «Creo que el modelo para el futuro es que al presidente se le pague algo porque, de lo contrario, tienes que compartir tu tiempo con otros trabajos y actividades, y eso no es bueno para el St. Pauli. Si es un puesto no remunerado también excluye a muchas personas. Tuve la suerte de poder hacer el trabajo sin remuneración, pero no hay mucha gente en esa posición. Y cuando eres un club como el St. Pauli necesitas ser mucho más inclusivo».

«En cuanto al merchandising, todo el mundo piensa: «¡Están haciendo tanto!». Y sí, estamos vendiendo mucho merchandising, pero mantenemos los precios hasta cierto punto bajos. Entonces nuestros márgenes de comercialización son ridículos», dice él sobre una filosofía que les hace bastantes especiales en el mundo de fútbol. «Cuando hablo con el Bayern de Múnich, por ejemplo», continua Gottlich, «y le digo que estamos obteniendo este tipo de ingresos y este tipo de ganancias, me dicen: "¿Qué diablos estás haciendo?". Por supuesto, ellos venden camisetas hechas de una manera menos sostenible y ganan mucho dinero con ello porque no les importa. Ellos pueden. ¡No lo haría, aunque pudiera, así que no me malinterpretes! Los precios sociales son importantes, pero también nos limitan hasta cierto punto. Pero la gente que piensa que tenemos una doble moral porque vendemos merchandising debería saberlo. Seguimos renunciando a enormes posibles beneficios adicionales debido a nuestros valores. Y podemos demostrarlo. Eso a veces se pierde en el debate. Cuando jugamos contra el RB Leipzig y nos dicen: "El club de fútbol más comercial del mundo es el FC St. Pauli". Pues sí, pero con márgenes de beneficio más bajos, por el bien de los socios, las personas y el planeta».

Él no ve ese divorcio entre los valores del club y las formas que usa para sobrevivir en la Bundesliga moderna. Volviendo al tema de Sven Brux, comenta: «Él dice que el St. Pauli nunca ha sido más político que en los últimos cinco a diez años y no lo digo solo por mí, sino que tal vez el club esté poniendo a la comunidad en el centro de nuestra operación. El FC St. Pauli creció en una época en la que la organización no era política en absoluto. La comunidad, la base de fans, ha sido muy política, por lo que este es otro cambio transformador. Constantemente nos preguntamos qué significa si nosotros, o específicamente yo (como presidente), tenemos que hablar con policías, alcaldes o líderes del fútbol muy conservadores y no progresistas. Realmente creo en la acción en lugar de la reacción. Creo en hacer, cambiar y transformar cosas en lugar de ver cómo suceden las cosas y luego quejarme de ellas. Si haces eso, el cambio llevará mucho más tiempo. No podemos cambiar las cosas inmediatamente como le encantaría hacer al St. Pauli, por ejemplo, con la Federación Alemana de Fútbol. Pero siempre digo que, si estoy sentado en la mesa y formó parte del debate, donde antes había un 120 por ciento de decisiones no progresistas, ahora solo hay un 105 por ciento de decisiones no progresistas. ¡Todavía no son muy progresistas, pero quizás un poquito más!».

Y en cosas sobre las que el club tiene pleno poder, da ejemplo. «Aún puedes conseguir una entrada por 12 euros», dice. «Los precios sociales siguen siendo un tema muy importante en el FC St. Pauli».

Algunos aficionados del equipo se quejan de que no se habla lo suficiente de su fútbol. Es verdad que el mundo mira al FC St. Pauli por sus batallas y victorias fuera del terreno de juego (en 2012, por ejemplo, una cooperativa ganó el derecho de comprar los edificios de Hafenstraße), pero gracias a su ascenso en la temporada 23-24, después de 13 años fuera de la Bundesliga, el club va a jugar su novena temporada en primera y sí, habría que hablar de fútbol.

Acerca del futuro, Göttlich pide dos cosas, una dentro del campo y otra fuera. «Tenemos dos objetivos esta temporada», dice. «Queremos permanecer en la liga, lo que será más difícil de lo que fue entrar en ella. Y el otro objetivo es nuestro plan cooperativo para vender el estadio a nuestros socios. Vamos a crear una cooperativa en la que todo el mundo pueda comprar acciones del estadio y, aunque compre muchas acciones, solo tendrá un voto. Sigo pensando que las cooperativas son importantes para nuestro futuro. Son nuestros mayores objetivos. Hay clubes con un solo inversor. ¡Nosotros tenemos 45.000!».

4.
En la riqueza y en la pobreza

Cuando Norbert Dickel jugó en el Borussia Dortmund entre 1986 y 1990, su trabajo era marcar goles. Anotó 40, dos de los cuales ayudaron a BVB (Ballspielverein Borussia) a ganar la copa DFB Pokal en 1989.

Cuando se retiró con tan solo 28 años por culpa de las lesiones, el club le ofreció otra tarea. Él se convirtió en el anunciador del estadio. En la noche del 11 de abril de 2017 tuvo que hacer algo que nunca podía haber imaginado, tuvo que anunciar que el partido del BVB ante el AS Mónaco se aplazaba tras un atentado contra el autobús del equipo local. Alguien había detonado tres explosivos caseros con piezas de metal a su paso por Dortmund mientras se dirigía al estadio para un partido de cuartos de la Copa de Europa. Mucha gente podría haber muerto. Por suerte, no ocurrió. El defensa español Marc Bartra fue herido levemente en el brazo y tuvo que ser hospitalizado, un policía también fue atendido por heridas leves.

El autobús regresó al hotel del equipo donde, sin que los jugadores lo supieran, también se alojaba la persona que había fabricado y detonado las bombas. En el Westfalenstadion, Dickel dio la noticia al público. «Nos gustó que el BVB solo comunicara hechos», Burkhard y Bettina Mörtemeier dijeron al diario local *Westfälischer Anzeiger.* «El locutor del estadio y todo su equipo hicieron un buen trabajo. Ahora emprendemos el camino de regreso a casa». Otro aficionado, Dominik, se quejó: «Desde el punto de vista de los jugadores, la decisión fue sin duda la correcta, no se podía empezar el partido. Quienquiera que esté detrás de esto ha conseguido, por desgracia, su objetivo de perturbar nuestra vida cotidiana. Eso me molesta. Además, mañana no podré ir al estadio».

En el campo todo el mundo permaneció en silencio. Todos estaban mirando sus teléfonos. Y Dominik no fue la única persona enojada porque el partido se iba a jugar solo 24 horas más tarde. Los jugadores estaban muy conmocionados por lo ocurrido.

«Tuve miedo de morir», dijo Bartra en una declaración leída unos meses más tarde en el juicio del autor del ataque.

El portero Roman Bürki explicó unos días después: «Lo peor son las noches. Todavía no puedo dormir y tengo miedo. Estoy muy contento de que mis padres estén conmigo. Puedo hablar de todo con ellos. No he seguido las noticias sobre el incidente para no agobiarme más».

Incluso los desplazamientos del equipo al estadio se vieron afectados, ya no fueron una experiencia cotidiana y sencilla que se pudiera dar por sentada. «Por supuesto que estás totalmente sensibilizado. Automáticamente presto mucha más atención a los ruidos y a mirar por la ventana. La indiferencia de simplemente subir al autobús se ha ido. Lo único bueno que nos queda después de esta terrible experiencia es el hecho de que estamos aún más unidos como equipo. Al igual que los aficionados que nos acompañaron después del pitido final contra el Eintracht Frankfurt (el siguiente partido de liga), se nos puso la piel de gallina. Creo que es bueno que nos proporcionen un psicólogo. Cada uno puede decidir por sí mismo si lo quiere. Cada persona es diferente».

El entonces entrenador de Borussia Dortmund, Thomas Tuchel, contó al *Daily Mail* en 2021: «Fue absolutamente surrealista. En cierto modo, me alegré de ayudar a mis jugadores y estar con ellos en ese momento. Me dijeron que los clavos habían volado más de 50 metros y habían destrozado ventanas de casas. Espero que algún día no me dé cuenta de repente de lo que podría haber pasado. No pienso en ello cuando voy en autobús o cuando paso entre una multitud».

Los jugadores habían pasado por algo bastante traumático. A pesar de ello tenían solamente 24 horas para recuperarse mentalmente porque la UEFA quería que jugaran el día siguiente. Después de la derrota sufrida en el primer partido el entrenador de Borussia Dortmund, Thomas Tuchel estaba más enojado que lo habitual. Según él nunca deberían haber jugado el partido de la ida solo un día después de un intento de asesinato a sus jugadores.

En cuanto quién o quiénes fueron los culpables, al principio todos los dedos acusadores apuntaban al fundamentalismo islámico. La policía encontró cerca del ataque unas cartas impresas en las que alguien intentaba aceptar la responsabilidad en nombre de un grupo extremista islámico. Las cartas hacían mención de un ataque islamista a un mercado navideño en Alemania el año anterior. Luego apareció en internet una carta reclamando la responsabilidad por parte de radicales de la extrema derecha y después otra de la extrema izquierda. La policía dudaba de la veracidad de todas las cartas. Diez días después del ataque, un alemán nacido en Rusia de 28 años y técnico electrónico de profesión fue detenido, aparentemente tenía solo un motivo: el dinero.

Sergej Wenergold fue declarado culpable de intento de asesinato en 28 casos un año más tarde. Su propósito había sido producir una caída en bolsa de las acciones del Dortmund por las que había hecho una apuesta a la baja. El mismo día del ataque había comprado 15.000 «opciones de venta» del tipo «put». Esas opciones tienen un tipo de fecha de caducidad. Si los vendes en, o antes de, tal fecha estipulada el precio a que las vendes está garantizado. Así, forzando una caída en el precio de las acciones antes de vender, podía haber ganado casi 4 millones de euros.

El acusado negó haber intentado matar o herir gravemente a nadie. Sin embargo, los expertos en explosivos le contradijeron. Si no hubiera querido matar a nadie no debería haber usado metales. Había historias en los periódicos alemanes que él había llamado la atención en el hotel de la concentración de los jugadores del Dortmund. *Bild* informó que él había insistido en tener una habitación con vistas a la carretera. Y después de las explosiones en vez de correr por todas partes como mucha gente, fue a pedir un bistec en el restaurante. Fue condenado a 14 años de prisión.

En cuanto al partido en sí, el día después del atentado Borussia Dortmund perdió 2-3 contra AS Monaco. Kylian Mbappé marcó dos goles y hubo un gol en propia puerta de Sven Bender. Shinji Kagawa y Ousmane Dembélé marcaron para el Dortmund, pero el Mónaco ganó la vuelta por 3-1 y pasó a las semifinales.

«Fue una decisión brutalmente difícil jugar el partido de la Liga de Campeones al día siguiente, especialmente para los jugadores», dijo el director deportivo de Dortmund, Michael Zorc, a *Sports Illustrated* en una entrevista la misma semana. «Pero por nuestra parte no había alternativa. Podrías decir: "Vale, no jugamos". Pero entonces estarás fuera de la competición [con una multa]. Te echarían del torneo. Además, te enfrentas a esta responsabilidad social en un momento como este. Todo el mundo vio que era un ataque terrorista. Para enfrentarte a esto y jugar y no rendirte, das un mensaje: "¡Jugamos al fútbol!". Pero fue realmente difícil».

Es una de las anécdotas más increíbles de la historia del club. Pero si volviéramos atrás en el tiempo, 20 años, a contar todo esto a los aficionados de Borussia Dortmund es muy probable que, al menos uno de ellos, antes de hablar de las bombas, hubiera preguntado: «Pero ¿qué demonios hace el club cotizando en bolsa?».

En 1998 cambiaron la ley en Alemania para que los clubes pudieran formar sociedades aparte. Estas sociedades limitadas actuarían como empresas funcionando al lado de sus clubes matrices. El Borussia Dortmund no lo dudó y fue el primero que lo hizo. El día 31 de octubre de 2000, Borussia Dortmund S.L. salió a bolsa vendiendo 13,5 millones de acciones por alrededor de 130 millones de euros.

Borussia Dortmund tiene fama cuando se trata de ser el primero o encabezar la lista de algo nuevo. Cuando el país formó la Bundesliga lo hicieron en la ciudad de Dortmund. Y él que marcó el primer gol de la nueva liga, tras 58 segundos, fue Friedhelm Konietzka, delantero del Borussia Dortmund, que aquí aparece en una imagen en 2012. © Pakeha/Wikimedia.

El Borussia Dortmund tiene fama cuando se trata de ser el primero o encabezar la lista de algo nuevo. Cuando el país formó la Bundesliga en julio 28 de 1962 lo hicieron en la ciudad de Dortmund. Y el que marcó el primer gol de la nueva liga, tras 58 segundos, fue Friedhelm Konietzka, delantero del Borussia Dortmund.

Desde finales de los años 80, las cosas habían ido bien para el Dortmund, jugó la final de la Copa DFB Pokal en 1989.

Ese partido en que el ya mencionado Norbert Dickel marcó dos goles. Ganó a Werder Bremen por 4-1 con 40.000 aficionados suyos en el Olympiastadion. El entrenador era Horst Köppel, y tenía el delantero internacional alemán Frank Mill, el internacional escocés Murdo MacLeod, y el hermano de Karl-Heinz Rummenigge, Michael, en el equipo. El joven abogado Gerd Niebaum era el presidente, que era innovador y ambicioso.

Cuando el equipo volvió a Dortmund después de haber ganado la copa, estaban 150.000 aficionados esperándolos para la celebración. El periodista, autor y aficionado de Borussia Dortmund, Uli Hesse, escribió que el club vendió 12.055 bonos para la siguiente temporada. En 1992 esa cifra había aumentado a 26.400, e iba a llegar a 45.500 bonos antes del final de la década.

En un ambiente tan positivo y optimista entró un nuevo entrenador en 1991, Ottmar Hitzfeld. Él acabaría ganando dos Ligas y una Liga de Campeones con jugadores como Stéphane Chapuisat, Michael Zorc y Stefan Klos. Casi ganó la liga en 1992. En la última jornada BVB tenía que ganar a Duisburg y esperar que tanto Stuttgart como Eintracht Frankfurt perdieran. Cuando faltaban cuatro minutos para el final, la situación era tal como se esperaba, pero el Stuttgart marcó para ganar la liga por diferencia de goles. Alrededor de 20.000 aficionados del BVB habían viajado en masa para ver al equipo e invadieron el campo al final del partido. No habían ganado la liga, pero aun así fue un golpe en la mesa. El Dortmund estaba más cerca que nunca de ganar su primera Bundesliga.

En 1993, el Dortmund perdió la final de la copa de la UEFA contra Juventus. Pero ya había empezado a construir un equipazo y el dinero, del premio de ir tan lejos en la competición europea, lo ayudó a ir a más. En enero de 1992 el club había fichado a Matthias Sammer por 8,5 millones de euros. En el verano de 1993 fichó a Karl-Heinz Riedle del Lazio. El siguiente verano Andreas Möller volvió a Dortmund del Juventus. El club fichó a Júlio César también de Juventus.

Había armado un equipo para ganar una Bundesliga y en 1995 es lo que hizo, superando al Werder Bremen en la última jornada de la temporada. El Bremen perdió contra Bayern de Múnich, mientras que el Borussia ganó al Hamburgo. No iba a ser la última vez que Borussia Dortmund recibió una ayuda del Bayern.

En 1996 volvió a ganar la Bundesliga y los fichajes estrella siguieron llegando. Jürgen Kohler y el portugués Paulo Sousa llegaron de la Juventus y del Inter respectivamente. Pero entre tanta estrella se metió un fichaje algo diferente. El mediocampista del Motherwell, Paul Lambert, no había renovado con su club escocés porque creyó que el Rangers o el Celtic le iban a fichar gratis, pero ningún grande de su país lo quería. Llegó al vestuario de Hitzfeld y según su entrenador era el fichaje más importante en esa temporada. En la final de la Copa de Europa en 1997 fue Lambert quien dio la asistencia para el primer gol e hizo un marcaje al hombre a Zinedine Zidane.

Dortmund ganó el partido por 3-1 en el Olympiastadion en Múnich contra todo pronóstico. La Juventus era la clara favorita en la final. Lambert asistió a Riedle para el 0-1. Riedle marcó de nuevo para el 0-2. Alessandro del Piero entró como sustituto en el descanso y marcó en la segunda parte de tacón de una asistencia por parte de Alen Bokšić. Lars Ricken entró del banquillo y marcó el 3-1. Hitzfeld pudo incluso permitirse hacer otra sustitución. El veterano Zorc ya tenía 34 años y había pasado toda una vida en el club, estaba sufriendo con lesiones, pero pudo entrar como sustituto en el minuto 89.

El día después de la final Lambert dijo: «Pasé toda la noche pegado a Zizou cada vez que estaba cerca del balón. Tenías que estar muy cerca de él. Zidane es ambidiestro. Podía escaparse de ti tanto con el pie izquierdo como con el derecho, lo que significaba que marcarlo era muy difícil. Se trataba de ser increíblemente disciplinado y no lanzarse a las entradas. Nunca olvidaré cómo se veían los jugadores de la Juventus después de que Lars Ricken marcara y fuera a sacar el balón. ¡Estaban derrotados! Con 2-1, todavía estaban en el partido; todavía creían y los hinchas de la Juventus saltaban. Ese fue el primer toque de balón de Lars y puso el 3-1. ¡Qué remate! ¡Increíble!».

Lambert se quedó solo 15 meses en el club porque su mujer Monica echaba de menos Escocia. Él acabó fichando para el Celtic por 1,9 millones de libras. Hitzfeld se fue incluso antes, fichando para el Bayern de Múnich después de la final contra Juventus.

En esa época era el Bayern de Múnich al que le habían dado el apodo «FC Hollywood». Sin embargo, el Borussia Dortmund había adoptado un nuevo pavoneo, un club arraigado en la clase obrera de la cuenca del Ruhr corría el riesgo de perder algo de su humildad. Quizás por eso, cuando en 1998 se abrió en Alemania la posibilidad de que los clubes pudieran cotizar en bolsa, el Borussia Dortmund quería ser el primero. También hubo otros motivos; ampliar el estadio y la plantilla no habían sido operaciones baratas. Salir a bolsa iba a generar un dinero muy necesario. Pero en solo dos años, BVB estaría al borde de la quiebra.

Con la salida a bolsa, el presidente Niebaum se convirtió en director general de la nueva sociedad limitada. Él seguía pensando que el club necesitaba un estadio más grande, sobre todo porque Alemania había ganado el derecho de ser la anfitriona del Mundial de 2006 y quería que su estadio acogiera algunos partidos. Para que el Westfalenstadion fuera escogido para una semifinal, tendría que tener un aforo de 60.000. El Dortmund empezó a ampliar aún más su estadio, «llenando» sus cuatro rincones en el verano de 2002. Para financiar esa última ampliación del Westfalenstadion el club volvió a buscar dinero. Niebaum decidió hacer algo extraordinario. Vendió el estadio a un banco de Fráncfort, Commerzbank. El banco creó un fondo inmobiliario con 5.780 accionistas individuales que se llamaba «Molsiris», que compró el estadio por 75,4 millones de euros.

El club podía usar el dinero para realizar la renovación del estadio y pagar alrededor de 13 millones de euros de alquiler para seguir usando el estadio. El plan de Niebaum era comprar el estadio de nuevo en 2017. Lo que ocurrió después pudo haber significado la desaparición del club mucho antes de esa fecha. En 2002 KirchMedia la empresa que tenía los derechos televisivos para la Bundesliga quebró. Los clubes perdieron dinero que ya habían contabilizado. Esto significaba que, más que nunca, el Borussia Dortmund necesitaba el dinero del fútbol europeo. Pero en la última jornada de la temporada cuando solo necesitaba ganar al ya descendido FC Energie Cottbus para clasificarse directamente a la Liga de Campeones de la temporada 2003-04, se tropezó. Empató y acabó tercero en la tabla. Aún le quedaba la eliminatoria, pero perdió por penaltis contra el Club Brujas. A un coste tremendo tenía que conformarse con la Copa de la UEFA, pero fue eliminado de esa competición en noviembre. Sin el dinero del fútbol europeo, que sumaba alrededor de 40 millones, el Borussia Dortmund tenía un problema. El club estaba en las mismas arenas movedizas en que se encontró FC Barcelona en 2021. Como el FC Barcelona, BVB intentó salvarse hipotecando varias partes del club.

Los periodistas alemanes Freddie Röckenhaus (*Süddeutsche Zeitung*) y Thomas Hennecke (*Kicker*) publicaron un informe revelador donde informaron que el club preparaba otro préstamo basado en utilizar los ingresos por entradas al estadio durante los próximos 12 años como garantía.

El club reaccionó con furia. Y los dos reporteros fueron condenados a un cierto ostracismo. Uli Hesse en su libro *Construyendo el Muro Amarillo* escribió de su experiencia en la tribuna de prensa cubriendo los partidos de Dortmund: «Recuerdo claramente a Röckenhaus y Hennecke en un rincón, y al resto de los periodistas en otro». Sin embargo, el BVB no negó los hechos. Sabía que, como una S.L., el club tendría que publicar sus datos e iba a salir todo como habían publicado los reporteros. Hans-Joachim Watzke era el tesorero en ese momento y le acusaron de ser la fuente de tal información que resultó tan acertada.

En esa época el club también decidió fabricar su propio equipo. Creó su propia marca de ropa deportiva llamada Goool.de para luego vender sus ingresos previstos. Aquí existe otro paralelismo con FC Barcelona. El club catalán contempló hacer algo parecido —fabricar sus propias camisetas— cuando se quedó insatisfecho con las cifras de su contrato con la marca americana Nike. Era evidente que el Borussia Dortmund necesitaba dinero ¡ya! No podía pensar a largo plazo. También vendió jugadores. El portero Jens Lehmann se fue al Arsenal. El club había vendido los derechos del nombre del estadio por no más de 5 millones de euros. Y en 2005 salió otra noticia que en el 2000 BVB había vendido el derecho de usar el escudo a una aseguradora con sede en Colonia. También había vendido los derechos de tres jugadores: Christoph Metzelder, Rosicky y Ewerthon. En un artículo en *The Athletic* el autor y periodista alemán Raphael Honigstein escribió que Niebaum llegó a plantearse construir una montaña rusa que diera la vuelta al estadio para recaudar fondos. ¿Hay algo más desesperado? Pues sí.

En 2004 los directores atormentados de Borussia Dortmund pidieron ayuda al último hombre imaginable, Uli Hoeness. ¿Os acordáis del favor que el Bayern les hizo en 1995 ganando a Werder Bremen en la última jornada? Esta vez el favor fue puramente económico. El Bayern tenía buenas razones para decir que no. El BVB se había convertido en su mayor rival en el mercado de traspasos. Hubo jugadores que el Bayern quería comprar pero que el Borussia acabaría fichando. Y ahora no podía pagar las nóminas de estos mismos jugadores y ¡quería que el Bayern lo ayudara! Es como si el Barça pidiera ayuda al Real Madrid. Sin embargo, Bayern dijo que sí.

El préstamo, de alrededor de 2 millones de euros, ayudó a corto plazo, pero de ninguna manera resolvió los problemas. En 2004 el club aprobó una ampliación de capital mediante la emisión de nuevas acciones a inversores privados que recaudó unos 25 millones de euros. Pero no era más que otra tirita. El paciente aún se desangraba. En octubre de 2004,

Niebaum dimitió como presidente y el anterior, Reinhard Rauball, volvió para ayudar a salvar el club. Niebaum seguía como director general de la S.L., pero no por mucho tiempo. Cuantas más historias salían a la luz sobre cómo había vendido todo lo que podía, más protestas había para que saliera del club completamente. Joachim Watzke lo reemplazó. El número dos de Niebaum, Michael Meier, se quedó como consejero delegado porque era importante tener a alguien que podía dar sentido a todos los tratos que habían hecho en esa época.

Los nuevos jefes diseñaron un plan de rescate para evitar lo peor. Solo esperaban que los acreedores lo aceptaran. ¿Y qué quería decir «lo peor»? Antes hubiera significado la retirada de su licencia y el descenso a las divisiones inferiores. Ahora que Borussia Dortmund era una sociedad limitada hubiera significado una quiebra total. La mayoría de los acreedores aceptaron el plan. Sin embargo, no era nada fácil convencer a los accionistas del fondo inmobiliario, Molsiris, que había comprado el estadio para luego volver a alquilarlo al club.

BVB escribió a todos los accionistas para explicarles el porqué el club no iba a ser capaz de pagar el alquiler durante un tiempo. Al final les convencieron con el mismo argumento que habían convencido a todos los demás. Si el club tuviera que pagar a todos en el momento no iba a poder hacerlo y los acreedores no iban a recibir todo lo que les debían, pero con algo de tiempo, todo el mundo recibiría el 100 por cien de lo que se les debía. Después de una reunión, que duró seis horas, el lunes 14 de marzo de 2005, 444 de los accionistas de Molsiris (un porcentaje suficiente para tomar una decisión legitimada) se pusieron de acuerdo con el club para dejarlo sobrevivir.

Si Rauball y Watzke, y todos los aficionados de Dortmund, son los tipos buenos en esta película, ¿podemos decir que Niebaum y Meier son los tipos malos? Hesse en *Construyendo el Muro Amarillo* comenta que es un poco injusto considerar a Niebaum y a Meier como «la encarnación del diablo». Al fin y al cabo, ellos construyeron un club capaz de ganar una Copa de Europa. Se podría argumentar que simplemente ellos habían vivido según el lema: «Especular para acumular». También es cierto que habían jugado a la ligera con algo que significaba tanto para tanta gente. En 2015 Niebaum fue juzgado por fraude, malversación y falsificación de documentos. Había perdido dinero en negocios inmobiliarios, fue sentenciado a 20 meses de condena condicional.

Todo el drama de la situación del club galvanizó la afición. En su gran libro sobre la historia del BVB, Hesse cuenta cómo en plena lucha para su supervivencia hubo un episodio importante en la leyenda de la famosa tribuna sur de Westfalenstadion, y sus casi 25.000 almas. Daniel Lörcher era una persona importante en uno de los grupos de ultras más grandes que se llamaba «Unity». Más tarde, el club le contrató como uno de sus «oficiales de liaison» entre BVB y la afición. Al final de 2004 Lörcher propuso que la tribuna fuera un mar de esas banderas pequeñas amarillas o, mejor dicho: que fuera un muro amarillo para ayudar al club en su momento más difícil.

Unity organizó la compra de 4 millas de tela. Todo del mismo tono de amarillo. El fenómeno se pudo ver en el último partido de la temporada 2004-2005 con el mensaje: «Al final del túnel oscuro brilla el muro amarillo».

La afición fue la luz al final del túnel para el club. Una luz que nunca se apagó, en la riqueza y en la pobreza, en la salud y en la enfermedad. Ahora hablaremos de esa afición, y de dos tipos que sabían mejor que nadie cómo conectar con ella.

5.
Jürgen, Jürgen y el Muro Amarillo

Antes de que existiera Jürgen, existía Jürgen. Jürgen Wegmann «La Cobra». Y sin su gol el 19 de mayo de 1986, quizás no hubiera existido la Copa de Europa para el Borussia Dortmund (BVB) del último capítulo. Ni las cinco Bundesligas y las cuatro copas BDF Pokal que ganaron después. Muchos aficionados del BVB siguen pensando que es el gol más importante en la historia del club.

En 1986 el BVB escapó del descenso directo por los pelos. Acabó la liga en el decimosexto lugar. Tuvo que jugar el *play-off* del descenso (introducido en la Bundesliga en 1982) contra el SC Fortuna Köln. El partido de ida no tuvo lugar en el estadio del Fortuna, sino en un estadio más grande, el de FC Köln. El Borussia Dortmund tenía un buen equipo, repleto de estrellas, tenía a Eike Immel como portero, por ejemplo. En unos días él iba a México para unirse a sus compañeros de la selección alemana en el Mundial. En este partido, el Borussia Dortmund cayó por 2-0. La afición del BVB no dejaba de animar y creer en una remontada en el partido de vuelta, pero encajó un tercer gol después de solo 12 minutos en este segundo partido. El Borussia necesitó tres goles en la segunda parte para evitar el descenso. Pitaron un penalti a su favor y Michael Zorc marcó el 3-1. Quedaban 36 minutos. Marcel Răducanu marcó el 3-2. Quedaban 22 minutos. Wegmann chutó al larguero. Quedaban cinco minutos.

Y cuando quedaban solo segundos, pasó el milagro. En el minuto 90 Bernd Storck centró desde la banda derecha. Lo peinó primero Daniel Simmes y luego Michael Zorc. Ingo Anderbrügge disparó del segundo palo y cuando el portero del Fortuna, Jacek Jarecki, lo empujó a los pies de Wegmann, a no más de un metro del gol, lo mandó a la red. «Entonces se desató la locura», dijo Wegmann a BVB TV como parte de su serie *Partido de mi vida*. «Yo había dicho a Mister Saftig, "el partido se decidirá en el minuto 90. Tengo que permanecer en el campo hasta entonces. ¡Ahora sabes que no deberías sustituirme!"». Su entrenador Reinhard Saftig le había sustituido en el primer partido, pero esta vez le dejó en el campo.

A partir de 2009 en la Bundesliga la regla «goles fuera de casa» hubiera condenado al BVB al descenso. Pero aún no existía en el *play-off* en 1986 y el gol del delantero de 22 años había salvado a su equipo, no por completo, pero sí hasta un tercer partido para decidir qué equipo iba a bajar. Los aficionados saltaron las vallas para celebrar en el campo como si el equipo hubiera ganado una liga. Lo que sí había logrado era otra oportunidad. Y no la desperdiciaron.

Ganó por 8-0 a SC Fortuna Köln en un campo neutral unos días más tarde. Se salvaron y evitaron lo que hubiera sido un desastre. Es que los salarios de sus mejores jugadores habían provocado, en parte, un problema financiero en el club. Ya habían decidido vender jugadores para sanar las cuentas. Wegmann había fichado por el Schalke 04. Pero muchos jugadores hubieran tenido que salir del club si hubieran bajado a segunda.

El año siguiente, Wegmann sí se fue a Schalke. Sin él, el Borussia Dortmund se clasificó para la Copa de UEFA. Al siguiente año llegó hasta los cuartos y tres años más tarde del milagro de Wegmann, el BVB ganó la Copa DFB Pokal.

Es imposible subestimar el impacto que tuvo en la identidad del club ese gol *in extremis* de Wegmann. Un aficionado, Michael Winkelkötter, dijo a Uli Hesse para su libro *Construyendo el Muro Amarillo*: «Tenemos una tribuna sur desde el gol de Wegmann». La cobra, llamado así por su habilidad de esperar al momento oportuno para atacar con veneno, había marcado el gol de su vida en el fondo sur del Westfalenstadion. Como Winkelkötter contó a Hesse: «El Muro Amarillo nació en aquel momento. Una grada como un imán, capaz de atraer el balón y llevarlo hasta al fondo de la red.

El Muro Amarillo, esa grada de 25.000 aficionados, es solo una cuarta parte de uno de los estadios más míticos en el fútbol. Un estadio que aún no existía cuando Borussia Dortmund ganó su primera copa en Europa. © Shutterstock.

El Muro Amarillo, esa grada de 25.000 aficionados, es solo una cuarta parte de uno de los estadios más míticos en el fútbol. Un estadio que aún no existía cuando el Borussia Dortmund ganó su primera copa en Europa. Todavía jugaba en el estadio Rote Erde cuando se convirtió en el primer equipo alemán en ganar un trofeo europeo. Fue en la temporada 1965-66 cuando el Borussia jugó la final de la Recopa contra el Liverpool en Hampden Park, Escocia. El BVB ganó con un gol de Reinhard Libuda en la prórroga. El equipo era el orgullo de una región que ya había empezado a sufrir económicamente.

Las minas de la cuenca del Ruhr cerraron. Dortmund sufrió menos que Gelsenkirchen (ciudad de su gran rival, el Schalke 04) porque tenía la industria siderúrgica, pero dentro de poco esa industria también empezaría a sentir los efectos de la recesión. Sin embargo, la afición del Borussia seguía yendo al campo incluso cuando el equipo bajó a Segunda en 1972. Permaneció ahí cuando se mudó a lo que hoy llamamos Signal Iduna Park en 1974.

Se había aprovechado del hecho de que Alemania iba a ser el anfitrión del Mundial de 1974. Dortmund presentó su candidatura para ser una de las ciudades anfitrionas y cuando se cayó de la lista original Colonia, fue escogido por la DFB. En el mundial de 1974 el nuevo Westfalenstadion, con un aforo de 53.600, acogió tres partidos.

Después del Mundial, el pueblo del Borussia Dortmund respondió a la construcción de su nueva casa con una asistencia media de 25.000 espectadores en Segunda. En 1976 BVB volvió a la Primera División. Sin la pista de atletismo que tenía el viejo estadio la afición estaba más cerca del campo y a sus jugadores. Y parecía que el fondo sur donde había ido la mayoría de los fans más ruidosos iba a ser el nuevo corazón de la afición. Ahí están los principios del muro amarillo, a menos físicamente hablando. Espiritualmente aún necesitaba una tarde histórica como la que dieron Jürgen Wegmann y compañía.

Los que gritaron el gol de Wegmann estaban todos de pie. Solo siete años más tarde la UEFA dictaminó que todos los partidos en sus competiciones se tenían que jugar en estadios con todos en asiento y nadie de pie. Muchos clubes lo cumplirían a rajatabla, pero no el Borussia Dortmund. El BVB ya era un club modelo en cuanto a la participación de los aficionados en las decisiones. Y fueron los «fans» los que convencieron al club que lo que les hacía especial era su gran grada donde la gente animaba de pie. Sería un error tumbar el Muro Amarillo o llenarlo con asientos. El club tomó nota de lo que decía su afición. En parte gracias a la resistencia de Dortmund, el plazo para convertir los estadios a todos asientos se retrasó a 1998. Sin embargo, la UEFA solo permitió el 20 por ciento del aforo para las gradas con espectadores de pie. En el Westfalenstadion esa regla reducía el aforo de 42.800 a 36.000. El BVB mantuvo la presión sobre la UEFA y en el 2022 las reglas cambiaron. Ahora la tribuna sur, Die gelbe Wand, el Muro Amarillo, tiene un aforo de 24.454 tanto en la Liga de Campeones como en la Bundesliga. El Westfalenstadion, con un aforo de 81.365, después de varias ampliaciones, puede lucirse en todo su esplendor.

Los jugadores y los entrenadores del club han tenido una relación muy especial con ese estadio y sobre todo con la tribuna sur. Uli Hesse escribió en *Construyendo el Muro Amarillo* que cuando se retiró el mediocampista Murdo Macleod del club, le invitaron al palco para ver un partido. Él fue al estadio para asistir el encuentro contra Universitatea Craiova de Rumanía, pero prefirió verlo desde la tribuna sur que en cualquier otro asiento.

De todos los jugadores y entrenadores que han tenido una relación especial con esa grada quizás nadie la ha tenido como nuestro otro Jürgen. Jürgen Klopp.

Para ilustrar esa relación quizás sea mejor empezar por el final, y con la siguiente frase: «*Wir Brauchen Viele Jahre bis wir verstehen, wie kostbar Augenblicke sein konnen*». Es lo que decía una pancarta enorme colgada en la tribuna sur durante el último partido de Klopp. Es una frase famosa del escritor austriaco Ernst Ferstl que significa: «Tardaremos muchos años en comprender lo valiosos que pueden ser los momentos». Encima de la pancarta estaba otra con dos palabras más: «Danke Jürgen» (*Gracias Jürgen*). Y estos momentos fueron muchos, y sí, fueron muy valiosos.

Klopp llegó en 2008. En los 10 años antes de su llegada el club había disfrutado de algunos éxitos y algunos fracasos, pero incluso en los mejores momentos sentía que algo faltaba. Ganó el Mundial de Clubes en 1998. Matthias Sammer se convirtió en el entrenador en la temporada 2000-01 y en la temporada siguiente el BVB ganó la Bundesliga y llegó a la final de la Copa de UEFA. Un partido empañado por la violencia y la mala sangre entre ambas aficiones, perdió el Dortmund por 3-2 contra Feyenoord.

Es verdad que Sammer manchó su legado cuando se fue a Bayern como director deportivo y ayudó a que ellos ficharan a Mario Götze del Borussia Dortmund. Pero ganaba mientras estaba en el Dortmund, eso es indiscutible. Y 100.000 aficionados celebraron esa Bundesliga en las calles en 2002. Dentro de muy poco la propia supervivencia del club pasaría a ser más importante que cualquier resultado en el campo. El club se salvó el 14 de marzo de 2005, gracias a la decisión de los accionistas de Molsiris. A partir de ahí se abrió un nuevo camino.

A pesar de que el Borussia estaba a salvo, tenía que vender. A Tomas Rosicky lo vendieron al Arsenal por alrededor de 10 millones de euros, por haber vendido parte de sus derechos el BVB solo recibió el 45 por ciento del traspaso. También vendió a Odonkor al Betis por 6 millones de euros. En 2006 BVB despidió a Bert van Marwijk después de dos temporadas en que acabaron séptimos. Van Marwijk, que sería el seleccionador holandés que se enfrentó a España en la final del Mundial de 2010, hizo las cosas bien comparado con sus sucesores. Jürgen Röber y Thomas Doll fueron los siguientes. Los resultados de este último no fueron malos, pero el fútbol fue aburrido. Había cada vez menos gente en la grada. En la temporada 2007-08 el Dortmund llegó a la final de la copa DFB Pokal. Si hubiera ganado, quizás Doll se habría quedado. Había tenido suerte en los sorteos jugando contra dos equipos de Segunda, pero en la final la suerte lo abandonó. El Dortmund perdió contra el Bayern de Múnich y fue el fin de Doll.

Klopp llevaba 18 temporadas en el Mainz 05 como jugador y entrenador. Subió el equipo a Primera y ganó la permanencia por tres temporadas consecutivas. Cuando bajó a Segunda en el 2007 prometió quedarse una temporada más para intentar ascenderlo. No fue posible y Klopp fue un hombre libre. Todo el mundo sabía que Klopp tenía talento como entrenador y que el Mainz se le estaba quedando pequeño. El Bayern lo quería, pero no estaban convencidos todos los directores. Con cierta miopía algunos pensaban que no era una buena idea contratar a alguien que no había ganado nada.

Klopp tenía algo de rebelde. Podría ser un problema para algunos clubes, pero fue perfecto para el Borussia Dortmund, y sobre todo para un BVB jugando en un estadio medio vacío, a salvo, pero sin la energía que había tenido en otras épocas. © Shutterstock.

Klopp no era del gusto de todos. El Hamburgo lo rechazó por sus pantalones vaqueros rotos y su excesiva familiaridad como comentarista en la televisión, entre otras cosas. Su director general Bernd Hoffmann contó al *Bild*: «Los vaqueros no fueron bien recibidos en nuestro consejo de supervisión». Klopp tenía algo de rebelde. Podría ser un problema para algunos clubes, pero fue perfecto para el Borussia Dortmund, y sobre todo para un BVB jugando en un estadio medio vacío, a salvo, pero sin la energía que había tenido en otras épocas.

Hans-Joachim Watzke no tenía ninguna duda. Klopp había construido algo más que interesante en el Mainz con pocos recursos. En el Borussia no iba a tener todo, pero sí tendría más elementos con los que trabajar. Klopp estaba convencido. Con la pasión y la intensidad de los seguidores de BVB, él creía que podía conseguir algo muy especial.

Prometió fútbol «a toda pastilla». A casi todos los aficionados les tenía ganado desde el primer momento, pero siempre habrá escépticos. Si hubiera perdido contra El Schalke 04 en la cuarta jornada de su primera temporada hubiera tenido problemas. El Schalke iba ganando por 3-0, pero el BVB remontó y el partido acabó 3-3.

Fuera del campo el club consiguió recomprar su estadio del fondo inmobiliario, aunque fue gracias a un préstamo, esta vez de un banco de inversión estadounidense. Y en el mercado de traspasos no eran ricos, pero sí estaban listos. Compró a Robert Lewandowski por solo 4,5 millones de euros.

En la primera temporada de Klopp el equipo quedó fuera de los puestos europeos por solo dos puntos. La segunda temporada empezó mal, con solo una victoria en los primeros siete partidos, pero en su primera crisis, Klopp demostró todo lo que era. Josef Schneck era jefe de prensa en el Dortmund y contó al autor y periodista Raphael Honigstein en su libro *Bring the Noise: The Jürgen Klopp story* que cuando los aficionados empezaron a perder la paciencia con los jugadores fue Klopp quien los protegió.

En esa pésima racha había perdido contra los rivales locales, el Schalke 04. Se presentó un grupo de 100 ultras en un entrenamiento. Schneck le contó a Honigstein: «Klopp bajó del autobús del equipo y les dijo: "Vale, cuéntenme". Los ultras se quejaron de una falta de lucha y compromiso. Klopp los escuchó durante 20 minutos y los convenció de que no era así, pero tendría en cuenta sus preocupaciones. Los Ultras se calmaron y le agradecieron su tiempo. Borussia Dortmund ganó los siguientes dos partidos. No perdió ningún partido de los próximos 12. Acabó aquella temporada en quinta posición y volvió a Europa».

El famoso «Gegenpressing» que se define en recuperar el balón lo antes posible después de perderlo, todavía no estaba en evidencia. Klopp hacía tiempo había acuñado la frase, pero aún tenía que pasar de la teoría a la práctica en el BVB. Pronto tendría los jugadores para jugar más como él quería. Con solo 18 años el efervescente Mario Götze jugó 33 partidos en la temporada 2010-11 marcando seis goles. Shinji Kagawa marcó 8 goles en lo que era su primera temporada en Europa. Nuri Şahin era de la región, había estado en el club desde que era adolescente y era muy popular entre los aficionados. Neven Subotić, que escogió vivir en un barrio humilde en el centro de la ciudad, era otro que encarnaba el espíritu. Con unidad, compromiso y un fútbol brillante el BVB ganó la liga en 2011 y en 2012. Hizo el doblete en ese segundo año con una victoria de 5-2 contra el Bayern en la copa DFB Pokal.

Bayern respondió con la cartera en la mano. Fichó a Mario Mandžukić de Wolfsburgo y Javier Martínez de Athletic Club. Fue el guerrero delantero croata quien marcó el primer gol contra el Dortmund en la final de la Champions en 2013.

El Borussia ganó al Málaga en cuartos con algo de suerte. El partido del árbitro escocés Craig Thomson dejó incandescente al entrenador del Málaga, Manuel Pellegrini, que le acusó no solo de equivocarse, sino de «falta de personalidad» delante la afición de Dortmund.

Pero no necesitaron nada de suerte para superar al Real Madrid en semifinales. Ganaron el primer partido en casa por 4-1. Antes del partido, el *Bild* publicó la noticia de que el Bayern de Múnich iba a fichar a Götze a final de la temporada. Si lo que parecía una filtración pretendía afectar al equipo, no funcionó. Lewandowski marcó los cuatro goles.

Bayern ganó la final en el Wembley, en la que no jugó Götze por una lesión. Parecía que el Dortmund lo había ganado también porque no había fan de fútbol en el mundo que no lo tuviera como su segundo equipo.

A veces el Borussia Dortmund pudo resistir ofertas a sus mejores jugadores. Cuando Lewandowski se quería ir a Bayern de Múnich en 2013 el club dijo: «No». El polaco se quedó un año más y en vez de quejarse, ganó la bota de oro con sus goles. El Bayern ganó la liga 2013-14 con Pep Guardiola en el banquillo. Pero fue una buena temporada para el BVB. Ganó la Super Copa alemana por 4-2 contra el Bayern.

En el verano de 2014 Lewandowski se fue al Bayern de Múnich. BVB compró a Ciro Immobile y a Adrián Ramos, del Torino y del Hertha Berlin. Pero fue Pierre-Emerick Aubameyang quien había llegado del Saint-Étienne, como extremo el año anterior, quien mejor reemplazó a Lewandowski con 16 goles.

En el Borussia, Klopp prometió futbol «a toda pastilla». (c) Shutterstock.

La campaña 2014-15 no pintó bien desde el principio cuando encajó su primer gol de la temporada contra el Bayer Leverkusen después de nueve segundos. Perdió 10 partidos más, antes del año nuevo. A mitad de temporada, el equipo estaba penúltimo en la Bundesliga. Sin embargo, la afición en ningún momento pidió la cabeza de Klopp. Al contrario, los aficionados decían que preferían bajar con él que verle despedido.

El Borussia Dortmund ganó al Schalke 3-0 en la segunda mitad de la temporada y después de una buena racha de resultados hizo un *sprint* final para acabar en los puestos europeos. Pero el día 15 de abril de 2015 Klopp anunció en una rueda de prensa que iba a dejar el club al final de la temporada, después de siete años. La afición lo quería tener más tiempo, pero Klopp estaba convencido de que un cambio era necesario tanto para él como para el club. Solamente había un hombre que podía reemplazar a Klopp. Era el mismo hombre que le había reemplazado en el Mainz. Thomas Tuchel lo hizo bien, pero solo duró dos años en el BVB.

Ganar en el campo y ganar los corazones de los aficionados no es fácil. Hacerlo temporada tras temporada es algo mucho más difícil. Nadie en la historia del club había durado tanto tiempo como entrenador. *Danke Klopp*! como decía en la pancarta en su último partido. Había sido el director perfecto para la orquesta del Muro Amarillo; un líder digno de la grada más grande del mundo.

6.
El milagro del Union Berlin

Todo empezó por una canción. Y no era el himno del club, escrito por la leyenda del punk Nina Hagen, sino por un grupo de Vallecas, en Madrid. *Marinaleda* de Ska-P sonó por la megafonía del Estadio Alte Försterei del Union Berlin y Alberto Doblare pensó que debió de ser una señal.

La campaña «Sangrar por Union» y la remodelación del estadio hecha por voluntarios son historias para que te enamores del Union Berlin. (c) Fussballclub Union Berlin.

En su versión actual FC Union Berlin se fundó en 1966, cuando se crearon diez clubes de fútbol nuevos en la República Democrática de Alemania (RDA). Al principio se planificaron solo dos clubes para Berlín Este, ASK Vorwärts Berlin y SC Dinamo Berlin, pero estos dos clubes tenían vínculos muy fuertes con las fuerzas armadas y Herbert Warnke, el presidente de un sindicato nacional, abogó por la creación de un tercer «club civil» para los trabajadores del Berlín Este. Así nació FC Union Berlin, ya con ciertos tintes románticas por el hecho de que existía para los trabajadores con independencia de lo militar.

«Yo vivía en Berlín entre 2010 y 2015», dice Alberto a los autores de este libro. «Mi primer partido como espectador fue contra St. Pauli en 2013, un viernes, un partido que quedó 4-2. Había un ambiente tremendo y una cosa que me llamó mucho la atención fue que, en el descanso, en el estadio sonó una canción de Ska-P. Es verdad que son más o menos conocidos en Alemania, pero que justo el día que fui yo al estadio, sonase esa canción, me llamó muchísimo la atención».

El destino lo llamaba. Alberto, un español viviendo en Alemania, había asistido al partido sin saber muy bien qué esperar. «Cuando un compañero me dijo que iba a venir a ver un Union contra St. Pauli quería acompañarlo porque conocía mucho del St. Pauli y me causaba simpatía. En cuanto al Union, sabía que existía, pero no tanto y no sabía muy bien cómo iba a ser. Al venir aquí me fascinó todo. Me gustó mucho esa manera de entender el fútbol. Berlín es una ciudad muy grande con muchas formas de entenderla y mi forma de entender Berlín se parece mucho a la de Unión. La ciudad tiene esa parte de rebeldía, esa parte más alternativa y todo eso, creo que se resume muy bien en el club».

Diez años después, Doblare estaba sentado en una mesa en Madrid traduciendo para el presidente del Union Berlin, Dirk Zingler, y su homólogo Florentino Pérez, en la comida de clubes antes de un partido de la Liga de Campeones. El primer partido en la Liga de Campeones en la historia del

Union. Un partido en que estaba empatando a cero con el Real Madrid cuando solo faltaban segundos; segundos en que Jude Bellingham marcó el gol del 1-0.

A pesar del resultado los aficionados del Union salieron contentos del estadio. Solo cuatro años antes habían estado celebrando su primer ascenso a la Bundesliga en su historia. Hace 20 años el club estaba al borde de la quiebra. Sus aficionados donaron sangre para recaudar fondos para salvarlo.

El partido contra el Madrid era un partido entre un club a punto de terminar las obras de un Santiago Bernabéu que ahora —con un aforo de 80.000— es reconocido como el mejor estadio del mundo, y un club cuyo estadio —con un aforo de 22.000— fue construido por sus propios aficionados voluntarios en 2009, y que no tenía los asientos necesarios para que la UEFA les diera la licencia para albergar partidos de la Liga de Campeones.

La campaña «Sangrar por Union» y la remodelación del estadio hecha por voluntarios son historias para que te enamores del club, que es lo que le pasó a Alberto incluso cuando había regresado a España.

«Seguir al Union era una manera de mantenerme conectado con Berlín», dice Alberto sobre años años después de aquel primer partido en el estadio Alte Försterei. «Miraba sus resultados a ver qué tal les iba. Y cuando el Union tenía la opción de subir a la Bundesliga», me dije, «pues si ascienden me voy a hacer una cuenta de Twitter porque había muy poco contenido del Union en español y me parecía un club muy interesante. Cuando creé la cuenta en 2019 pensé que en vez de hablar del día a día del club, fichajes y eso, lo que más interesante me parecía era poner el club en un contexto. Hablaba mucho de la ciudad, de la historia y de todo el sentimiento de la comunidad y de la afición y del propio barrio».

> «Empecé a investigar la historia del club, y de las distintas peñas dentro del Union, con la idea de sacar contenido para redes sociales y con todo ese aprendizaje me fui enamorando del club poco a poco».

Alberto es de Zaragoza y ha sido socio por muchos años del Real Zaragoza, pero dice: «Siempre he sido del Barça. Uno de los otros motivos de engancharme a Union fue que me desencanté mucho del Barça y sobre todo de esa polémica constante que hay entre Real Madrid y Barça. Estaba hartísimo y el Union me ha devuelto un poco la esperanza en el fútbol; es otra forma de entenderlo».

Su cuenta de Twitter fue creciendo y fue conociendo a muchos aficionados y a muchos periodistas. «Habían pasado varios años y creía que tenía el potencial para poder trabajar para el club. Me reuní con ellos y después de varios meses hablando, viendo la forma de hacerlo, me dijeron que si entraban en la Liga de Campeones, sí podía encajar en el club. Al final el Union entró en Champions y me contrataron en 2023».

Cuando hablamos con Alberto, fue justo antes de que el Union jugara contra la Real Sociedad un amistoso de pretemporada en 2024. La primera curiosidad fue: ¿cómo es que los aficionados salvaron al club con sus donaciones de sangre? Resulta que en Alemania pagan por las donaciones de sangre. Lo hacían en 2004, y todavía lo hacen. Fue hace dos décadas cuando los aficionados del Union se arremangaron para donar sangre en la hora de necesidad de su club, que había descendido al tercer nivel del fútbol alemán y que no podrían recaudar el dinero para pagar una licencia para competir en la siguiente temporada. La campaña llamada «Sangrar por Union» animaba a los aficionados del club donar sangre y luego dar los 10 euros —pagado por la Sanidad a los donantes— al club.

No había sangre suficiente para salvar el club solamente con ese precioso gesto, por eso también vendieron camisetas y otros merchandising alrededor de la campaña. La publicidad en sí concienciaba a la gente de la difícil situación en que se encontraba el club. Los simpatizantes con más recursos económicos se acercaron a ayudar y el club pudo pagar la licencia para seguir compitiendo. Por desgracia, no les quedó dinero para hacer fichajes y el Union descendió de nuevo a la cuarta categoría.

«El equipo bajó dos años seguidos de segunda a cuarta, era una época malísima, pero coincidió con la llegada al club de Dirk Zingler, el actual presidente», comenta Alberto. «También llegó como responsable del consejo de supervisión, Antonio Hurtado, un español que creó un concepto que era como el "Union del futuro". Él ya pensaba en grande, creía que el club podría llegar a la Bundesliga algún día. Y un poco entre ellos es como sacaron el club al flote. Antonio se fue en 2012 y Zingler sigue como presidente».

Si 2005 fue la primera vez que el club bajó hasta el cuarto nivel del fútbol alemán, no era la primera vez que había estado cerca de la quiebra. En los años noventa también tenían a los acreedores golpeando en la puerta. La década de los 90 había empezado con Union luchando para entrar en la Bundesliga por primera vez. Hansa Rostock y Dinamo Dresden fueron escogidos para entrar en la primera temporada de la Primera División después de la reunificación del país (1992-93). Seis equipos más de la República Democrática de Alemania (RDA) entraron en la Bundesliga 2. Union jugó el *play-off* del ascenso a la segunda liga, pero lo perdió. Durante 10 años de frustración, no siempre fueron las carencias en el campo lo que les mantuvieron fuera de las dos primeras divisiones.

En 1993 ganaron el *play-off* de ascenso, pero no subieron porque la Federación Alemana de Fútbol (DFB) les ordenó permanecer en tercera por no tener el aval bancario necesario. Los problemas financieros no acababan ahí. En 1995 el senado de Berlín alquiló unos terrenos y dio un préstamo de 12 millones de marcos alemanes a Manfred Albrecht, un importante promotor inmobiliario de Berlín, para que pudiera construir un polideportivo adyacente al Estadio Alte Forsterei. Albrecht era uno de los patrocinadores más importantes del Union y parecía que el nuevo polideportivo iba a ayudar al club, pero nunca se construyó y el Senado no volvió a ver el dinero prestado. Albrecht se defendió con una declaración enviada al diario *Berliner Zeitung* en la cual acusó a las autoridades de haber «ordenado expresamente» que los préstamos de inversión no fueran utilizados para el proyecto deportivo, sino para reestructurar el endeudado club.

Los noventa acabaron con el Union salvado de la quiebra. El nuevo presidente Heiner Bertram aprovechó sus vínculos con Nike para firmar, en 1997, un contrato de patrocinio de cinco años. La relación no duró más allá del primer contrato, y en 2002, la marca estadounidense fue reemplazada por una firma alemana más modesta que se llamaba Sport Saller. El breve vínculo con Nike al menos proyectaba ambición. El multimillonario magnate de cine, Michel Kölmel, también ponía su poder económico al servicio del club.

En el Union nada permanece igual durante mucho tiempo y después de flirtear con una quiebra en los años 90, en 2001 el club ascendió a segunda y llegó a Europa después de jugar la final de la copa. Perdió la final de la Copa DFB Pokal 2-0 a Schalke, pero como Schalke había acabado segundo en la Bundesliga, «los mineros» fue a la Liga de Campeones y Union Berlin se clasificó para la Copa de UEFA.

El Union siendo el Unión, nada era sencillo en su aventura europea. Lo que iba a ser su primer partido en Europa fue cancelado porque la fecha cayó un día después de los atentados del 11 de septiembre contra las Torres Gemelas y la UEFA aplazó por ocho días todo su programa de partidos. Algunos aficionados del Union viajaron para ver el partido en Finlandia contra FC Haka Valkeakoski en barco, tuvieron que volver sin haber visto ningún partido. «Se enteraron en alta mar y llegando el día siguiente a Helsinki tuvieron que volver», dice Alberto. Siguió siendo el tema de una obra de teatro representada cada año por algunos aficionados del Unión.

No era la primera vez que acontecimientos ajenos a la voluntad del club echaban por tierra los planes del Union en Europa. La única vez que Union ganó algo fue en 1968 cuando el club ganó la copa FDGB-Pokal en la RDA y así se clasificó para Europa. Escogieron el año equivocado para hacerlo. Era la época de la Primavera de Praga. Reformista Alexander Dubček había sido elegido primer secretario del Partido Comunista de Checoslovaquia y proponía una descentralización y una disminución de las restricciones en los medios de comunicación, la libertad de expresión y de desplazamiento. La Unión Soviética respondió invadiendo Checoslovaquia con más de 500.000 soldados procedentes de varios países del bloque del Este, incluida la RDA. Varios clubes europeos no querían jugar partidos de la UEFA tras el telón de acero y así la UEFA decidió repetir el sorteo de la primera ronda para que los equipos del bloque del Este tuvieran que enfrentarse entre sí. A las federaciones de los países del Este no les gustó nada la decisión de la UEFA y decidieron boicotear los torneos UEFA de aquel año. Así, el Union perdió su oportunidad de competir en Europa.

Parece que, si algo puede salir mal para el Union, sí saldrá mal. Lo que hace aún más loable que el club y sus aficionados nunca se hayan rendido. Su reputación por ser el club rebelde viene del antiguo Berlín de la Alemania Oriental. El gran rival del Union era el Berliner FC Dinamo, considerado el club del «Stasi» porque su presidente Erich Mielke era también jefe de la policía secreta del régimen. El himno del club, escrito por Nina Hagen, contiene la línea: «Somos el Este» y esa es la sensación del club: que el Union es la esencia del Alemania Oriental, un club especial donde pasan cosas que no pasan en ningún otro club del mundo: cosas negativas como algunas de los noventa, y sucesos más positivos como en los 2000 cuando la afición sangró por la causa, o cuando hizo fila a las puertas del estadio, en respuesta a una convocatoria de voluntarios, para ayudar a reconstruir el estadio.

El colapso financiero de KirchMedia, mencionado en otros capítulos de este libro, también golpeó al Union. Los guardianes del club, tanto Kölmel como Bertram, lo dejaron y apareció Zingler con solo 39 años. Una de sus primeras grandes tareas fue renovar el estadio, pero el club no tenía el dinero para hacerlo de la manera ortodoxa, con un arquitecto de primer nivel y contratistas de renombre, así que recurrieron a la gente.

En la temporada 2008-09 mientras el club jugaba la temporada entera en la casa de su odiado rival BFC Dinamo, alrededor de 2.300 voluntarios con niveles muy diferentes de experiencia en la construcción fueron transformando el Estadio Alte Försterei. Lo hicieron contra todo pronóstico y también contra los deseos de algunos políticos que hubieran preferido que el club se trasladara permanentemente a otro lugar.

Es difícil no emocionarse leyendo a Sylvia Weisheit en el libro de *Kit Holden ¡Scheisse! ¡We're Going Up!* Ella coordinó todo el proyecto de renovación, y reflexiona sobre algunas de las historias individuales del proyecto. Weisheit cuenta que había un alcohólico en recuperación entre la plantilla de trabajadores voluntarios. Él había sido pintor y el club le encomendó la tarea de ser el pintor principal de la renovación. Como consecuencia, él pudo rehacer su vida. Sirve como para ilustrar el impacto que tiene un club de fútbol que se mantiene cerca de su comunidad.

Además de reconstruir su estadio, y a pesar del inconveniente de tener que jugar fuera de casa toda la temporada, Union ganó su liga para volver una vez más a segunda en 2010. Comenta Alberto: «Más adelante, cuando tenía que pagar la reforma de la tribuna principal, el club vendió el estadio a sus propios aficionados con una campaña muy chula que llamaron "vender a nuestra alma", pero no a cualquiera».

En la campaña pusieron imágenes de Red Bull, de Berlusconi y de Blatter como ejemplos de los inversores indeseables. Los aficionados una vez más fueron los que invirtieron en su club y no los de fuera.

Todavía estaban a «años luz» de enfrentarse al Real Madrid en la Liga de Campeones, y a 10 años de llegar a la tierra prometida de la Bundesliga, pero iban por buen camino.

Fue en la temporada 2018-19 cuando el equipo ascendió a primera, por los *play-off*. En la última jornada todavía había posibilidades del ascenso directo y 5.000 aficionados fueron a Bochum para ver el partido. Union necesitaba una victoria, pero empató el partido 2-2, así que tuvieron que jugar contra el Stuttgart en el *play-off*. Después de empatar el primer partido en Stuttgart por 2-2, un empate a cero iba a ser suficiente en el partido de vuelta y así pasó. Con un partido sin goles y mucha gloria Union había llegada a la Bundesliga por primera vez.

El club estaba preparado para el gran momento, pero su estadio no. Solo tenía 3.500 asientos. La Federación Alemana de Fútbol (DFB), en el entendimiento de que Union iba a construir un nuevo estadio, les permitió jugar en lo que había sido su casa durante 99 años. Su primer partido siempre iba a ser importante. El club y sus aficionados enseñaron al mundo una vez más que es un club especial. El primer rival fue RB Leipzig y, como protesta contra el club que había llegado a la primera liga por la vía rápida con el dinero de una empresa gigante, los aficionados del Union se mantuvieron en silencio durante los primeros 15 minutos del partido. «Lo habían hecho en partidos de segunda, pero esta vez iba a tener muchísimo más visibilidad», explica Alberto.

No todos los seguidores del club estaban de acuerdo con la idea de que, después de 115 años de historia (FC Olympia Oberschöneweide desde 1906, y Union a partir de 1966) iban a quedarse mudos en sus primeros minutos en primera; ¡tanto ruido en el camino para luego callarse al llegar! Pero el silencio duró 15 minutos y luego dio paso a un ruido tremendo que no se apagó ni siquiera con el 4-0 del RB Leipzig en el marcador.

El día también fue especial por otro gesto importante. Tantos aficionados de Union habían visto a su equipo en segunda, en tercera y hasta en la cuarta división del fútbol alemán, pero algunos de ellos no habían llegado a verlo en primera. Los aficionados asistentes en el estadio en el primer partido de la temporada levantaron fotografías de unos 450 aficionados fallecidos para que, de una manera, también pudieron presenciar el gran día de su club.

«Fue una maravilla al menos en la previa, ¡el resultado no!», se ríe Alberto. Y, respecto a los fallecidos cuyas fotografías se enseñaron antes del partido, añade: «Se les incluyó como asistentes como si hubieran ido al partido. En un estadio de 22.012 "hubo" 22.600 y pico personas».

A pesar de la derrota en la primera jornada el equipo ganó la permanencia con comodidad acabando undécimo en la tabla. En la temporada 2020-21 acabó séptimo y se clasificó para la UEFA Conferencia. Y en la campaña 2021-22 acabó quinto y fue a la Europa League. Como no hay dos sin tres, el año siguiente, su entrenador Urs Fischer llevó al equipo a la Liga de Campeones. Lo que nos lleva de nuevo a esa noche de septiembre de 2023, a las 18:45 de la tarde, un miércoles, cuando jugó contra el Real Madrid.

Real Madrid había ganado sus primeros cinco partidos de la temporada. Union había ganado sus primeros dos, pero luego había perdido los dos siguientes. El Madrid tenía Vinicius y Dani Carvajal como bajas. Sin su mejor delantero y su mejor defensa no iba a ser tan fuerte, quizás. Pero sí tenía Jude Bellingham, quien marcó el gol que ganó el partido.

El equipo de Urs Fischer no fue solo a Madrid. Unos 4.500 aficionados les siguieron al Santiago Bernabéu vieron el empate arrebatado en el último suspiro. «Los de Madrid no les gustará, pero la gente de Union se sorprendió muchísimo de cómo se vivían los partidos en el Bernabéu, negativamente», dice Alberto. «Es otra forma de vivir los partidos. Llamó mucho la atención que estábamos en el campo de uno de los mejores equipos del mundo y se escuchó más a los nuestros en la esquina del estadio, que a los otros 80.000».

Como la UEFA no le dejó jugar en su estadio, por la falta de asientos, el partido de la vuelta contra Real Madrid tuvo lugar en el Olympiastadion de Hertha BSC. Una vez más parecía que iban a sacar un punto del partido con un 2-2. Pero en el minuto 89 Dani Ceballos marcó y el Madrid ganó otra vez *in extremis.*

«En el partido de vuelta sobre todo me sentí muy orgulloso de como la prensa española transmitía lo que se había vivido en el campo y en las gradas», dice Alberto. «El Union había representado a todos los "Union Berlin" del mundo, 99 por ciento de los equipos, que quieren ganar una liga, pero al final tienen que asumir que no lo van a hacer; el objetivo es disfrutar de tu equipo. Union había demostrado eso».

El Union acabó colista del grupo de Champions con dos puntos y la aventura europea tuvo un efecto adverso en la campaña de la liga. Fischer, en noviembre, y su sucesor Nenad Bjelica, en mayo, fueron despedidos.

Unos días antes de que el Madrid ganara a Borussia Dortmund en la final de la Liga de Campeones 2023-24, Union festejó la permanencia en la Bundesliga.

«En una racha de más de 10 derrotas no había ni un solo pitido, ni un solo grito», dice Alberto sobre la peor parte de la temporada. «El último día fue supertenso con un gol en el descuento, después de fallar un penalti. Pero aquí siempre decimos que si no se sufre no es Unión. Los últimos cuatro años se han clasificado tres veces para Europa con goles en el 93, 87, 80 y, esta vez, en la última jornada se salvó en el minuto 92».

El drama no acabará, pero ¿será drama de la primera y otra vez de competiciones europeas o drama de descensos y deudas? Por el momento parece lo primero. La nueva remodelación del estadio está planeada para dentro de dos años con la idea de invertir 100 millones en ella.

«Antes de subir a la Bundesliga había 18.000 socios y ahora son 66.000», explica Alberto cuando le preguntamos si es para bien o para mal que el club siga creciendo y que construyan un estadio más grande. «Para entrar en el estadio para los partidos de la Bundesliga hay una pequeña parte de abonados, pero el resto tienen que entrar en sorteo. Es decir, que gente que lleva yendo toda la vida, hay días en que igual no le tocan en el sorteo y no pueden asistir».

«El miedo existe a que el club pierda su personalidad y cosas como ampliar el estadio puede parecer esto, por un lado, pero por otro lado hace que más gente pueda entrar». En un estadio más grande puede ir más gente que no es del Union toda la vida. Añade: «Si estás en el estadio y no cantas y no vas vestido del Union pues la gente te pregunta por ello. Tampoco te van a echar, pero hay un poco de esa idea que quiere que cada persona que esté en el estadio aporte lo máximo».

«No es que busquen solo gente que conozca el club desde hace 30 años y que sean del barrio de toda la vida, pero sí que sea gente que se identifique con el Union. Y a veces te preguntan, si te escuchan hablar español: "Perdona tú desde cuanto eres de Union" y si contestas "15 años" pues vale no pasa nada. Pero si respondes: "Es mi primera vez" y no conoces ni una canción, pues no les hace gracia. Pero vienes varias veces y los códigos te los aprendes».

Alberto dice que van a intentar mantener el encanto del estadio actual. «Van a mantener el mayor número de plazas de pie que permite la Bundesliga que son sesenta y pico por ciento. Va a haber, en el estadio de 40.000 plazas, como 30.000 plazas de pie más o menos. Además, detalles como el marcador antiguo y cuando salen los cambios se ve el dibujito de los muñecos del semáforo típico de Berlín Este. Este tipo de cosas se van a mantener porque al final son tradiciones y la verdad es que el club respeta muchísimo sus tradiciones».

Es curioso que el Union sea el único equipo de Berlín en la Bundesliga en la temporada 2024-25. En cambio, habrá cinco equipos de Madrid en la misma campaña en La Liga. ¿No existe la gran oportunidad de hacer del Union el equipo de la capital?

«Históricamente no lo han querido ser; se consideran de Köpenick», explica Alberto del barrio del Este donde está el estadio. «Pero este año las tres camisetas tienen detalles relativos a Berlín. Hay una en que el patrón es de la torre de televisión. Otra que es un homenaje al transporte público de la ciudad, y la otra tiene los osos típicos de Berlín. Da la sensación, empujado un poco por Adidas que es su patrocinador, que están dando ese paso a representar un poquito a toda la ciudad».

«Pero la propia historia de Berlín es tan caótica porque es una ciudad que está a medio hacer todavía. Está en construcción. Está en proceso de unir dos mundos completamente diferentes en el cual el Union sigue representando uno de ellos. El primer orgullo de los "Unioners" es ser de Köpenick».

Para cerrar Alberto cuenta que en el primer partido de la temporada 2023-24, la mejor en toda la historia del club, la afición sacó un tifo que decía: «Nuestra llave de éxito es no olvidar de dónde venimos».

«Había como un par de monedas», dice, «con los nombres de los pueblos en donde el equipo jugó en la campaña 2005-2006 en cuarta división. Que son pueblos enanos, que son de equipos regionales. Y era en plan: ahora que el equipo está en Champions nos acordamos de estar ahí en cuarta división hace casi 20 años».

Por cierto, Alberto recuerda claramente que en su primer partido del Union pusieron en el estadio la banda Ska-P, pero durante mucho tiempo no recordó cuál canción era. «Lo descubrí años después porque el DJ tiene una base de datos con las listas de reproducción de todos los partidos», añade.

Es que en el Union nadie olvida nada.

El 20 de septiembre de 2023, el Union hace historia al jugar contra el Real Madrid, en el Santiago Bernabéu, en la Liga de Campeones. (c) Fußballclub Union Berlin.

7.
Schalke 04: Raúl, Rusia, y la ruina, en la región del Ruhr

«El Madrid cambió mi vida. Pero llegó un punto que necesitaba escapar. La capitanía (allí) es un verdadero honor, pero necesitaba otra cosa. Tengo eso aquí en el Schalke».

Raúl González Blanco
Gelsenkirchen, abril, 2011

En las semifinales de la Liga de Campeones en 2010-11 hubo dos nombres sorprendentes. Dos actores que nadie esperaba. Dos impostores – Raúl González Blanco y Schalke 04.

En cuanto a socios, el Schalke 04 es el cuarto club más grande del mundo, pero en 2011 no había ganado ninguna liga en 50 años y nunca había llegado tan lejos en la Liga de Campeones.

Raúl tenía 33 años. Hacía ocho años que no jugaba una semifinal de la Liga de Campeones. Había dejado el Real Madrid después de 17 años y la gente no esperaba mucho más de él ni de su carrera.

Raúl había fichado por el Schalke 04 en julio de 2010. La temporada no había empezado bien, el Schalke 04 perdió sus primeros cinco partidos. Mejoró en la Bundesliga, pero pasó toda la temporada en la parte media hacia abajo de la clasificación. Sin embargo, en la Liga de Campeones era otra cosa. En un grupo con el Benfica, el Olympique de Lyon y el Hapoel Tel Aviv, el Schalke acabó primero.

Ganó al Valencia en octavos de final, y ganó al Inter de Milán en cuartos. Cuando un par de periodistas británicos entrevistaron a Raúl antes de la semifinal contra el Manchester United dijo: «Contra el Valencia y el Inter todo el mundo esperaba que nos fueran a eliminar, pero ganamos y merecimos ganar».

El Real Madrid era para Raúl el amor de su vida, pero después de la separación en 2010 había encontrado otro amor en el lugar menos esperado. «Antes de aceptar la oferta del Schalke hubo la oportunidad de ir a otros clubes, pero yo quería venir aquí», no dijo. «Ellos me dieron la posibilidad de jugar cada partido». Entre los otros clubes que querían fichar a Raúl había varios ingleses. Hacía años que él había ido a ver a su amigo Fernando Morientes jugar en el Liverpool y le había impactado el ambiente en Inglaterra. Pero la Bundesliga era otro nivel. «Hay entre 3.000 y 4.000 aficionados nuestros en cada partido a domicilio», dijo. «No puedo ser más feliz».

El club que hizo feliz a Raúl fue fundado en 1904. El Schalke es un distrito de la ciudad de Gelsenkirchen, en la región del río Ruhr, un afluente del río Rin, que discurre por el oeste del país.

Durante gran parte de su historia, la gran mayoría de los seguidores y de los jugadores del Schalke 04 trabajaban en la minería de carbón en la ciudad. De ahí viene su apodo: «Los Mineros». El club ganó el Campeonato alemán seis veces entre 1934 y 1942. Pero desde la fundación de la Bundesliga en 1963 nunca ha sido el campeón. En contraste, su gran rival en la región del Ruhr, Borussia Dortmund, la ha ganado cinco veces.

Durante gran parte de su historia, la gran mayoría de los seguidores y de los jugadores del Schalke 04, trabajaban en la minería de carbón en la ciudad. De ahí viene su apodo: «Los Mineros». © Shutterstock.

En 1971 se vio envuelto en un escándalo de arreglos de partidos. Jugadores importantes como Klaus Fischer, Reinhard Libuda y Klaus Fichtel fueron sancionados por la Federación Alemana de Fútbol (DFB). Mucho más tarde Fischer llegaría a ser la estrella del equipo y su máximo goleador de la historia con 226 goles en 349 partidos.

A pesar de la mancha que dejó el escándalo, en 1972 el Schalke ganó su primera Copa Alemana y acabó en segundo lugar en la Bundesliga. Volvió a terminar la temporada en segundo lugar en 1977. Pero en 1981 descendió a la Bundesliga 2 por primera vez en su historia. Volvió en 1984, pero en 1988 bajó de nuevo.

Los años noventa fueron mejores que los del setenta y ochenta. Ascendió en 1992 y en 1997 ganaron la Copa de UEFA bajo los órdenes de Huub Stevens. Con el mismo técnico en 2001 terminaron en segundo lugar en la Bundesliga, perdiendo el título en los minutos añadidos de la última jornada.

En aquella temporada (2000-01), el Schalke 04 había ganado al Unterhaching 5-3 en el último partido. El equipo y los aficionados esperaron en su estadio la final del partido entre el Hamburgo y el Bayern de Múnich. Una derrota para Bayern le hubiera dado la liga al Schalke, en el minuto 90 el Hamburgo estaba ganando 1-0.

Al final del 5-3 del Schalke, sus seguidores y sus jugadores ya habían celebrado como si hubieran ganado su primera Bundesliga. El estadio se calmó un poco para ver los cuatro minutos añadidos en Hamburgo.

Había 65.000 aficionados del Schalke viendo el partido del Bayern en una pantalla enorme en su antiguo estadio, el Parkstadion. Todo iba muy bien para ellos hasta el minuto 94, cuando Patrik Andersson marcó el 1-1 y el Bayern ganó la liga.

Era demasiado cruel. Y para ver tal crueldad, la pantalla en el Parkstadion era demasiado grande. ¡Cómo sufrieron los 65.000 viendo todas las imágenes de las celebraciones del Bayern! Tuvieron que ver a Uli Hoeness celebrar en el banquillo. Tuvieron que ver a Franz Beckenbauer saltando como un aficionado más del Bayern en la grada. Tuvieron que ver al portero del Bayern, Oliver Khan, correr hacia la esquina donde sacó la bandera para celebrar el título más dramático de su vida. Los del Schalke estaban destrozados. Los aficionados que habían corrido hacia el campo y brincaban, unos minutos después estaban llorando abrazados.

El Schalke 04 volvió a acabar segundo en 2005, 2007 y 2010. Y es con la última de estas medallas de plata que ayudó a convencer a Raúl de ir a Alemania, después de haber decidido no sacar más su mítico capote de torero en el Santiago Bernabéu. Él quería seguir compitiendo en la Liga de Campeones y con el segundo equipo más fuerte de Alemania pensaba que esto iba a ser posible. Y así fue hasta las semifinales de la Champions en abril de 2011, el Real Madrid contra el Barcelona, y el Schalke 04 contra el Manchester United.

Había una tradición en el Schalke en esa que después de los partidos en casa, un jugador iba a la grada y cogía el micrófono para dirigir el canto del coro. Lo hizo Raúl en la noche de la victoria contra el Inter en los cuartos de final de Champions, de esa misma temporada 2010-11. Raúl durante un partido contra el Steaua de Bucarest. © Shutterstock.

Había una tradición en el Schalke en esa época —una tradición que se ve a menudo en los clubes alemanes, sobre todo, en tiempos cuando las cosas van bien— que después de los partidos en casa, un jugador iba a la grada y cogía el micrófono para dirigir el canto del coro. Lo hizo Raúl en la noche de la victoria contra el Inter en los cuartos de final de Champions, de esa misma temporada 2010-11.

Se vio un poco nervioso por no hablar muy bien alemán, pero el aficionado que llevaba el micrófono le susurró en el oído lo que tenía que decir y Raúl lideró el coro como un «Minero» más. Le ayudó que uno de los cánticos que se escucharon en la grada esa noche tenía la letra en español. Catorce años atrás cuando el Schalke 04 ganó la Copa de la UEFA contra el Inter de Milán surgió su letra en un partido de cuartos contra Valencia: «¡Hasta la vista! ¡Schalke finalista!».

Lo cantaron en español a los aficionados del Valencia. Gramaticalmente no era muy correcto, pero todos los alemanes entendían la frase «hasta la vista» (gracias a Arnold Schwarzenegger y su película *Terminator*). Fue apto en 1997 y fue apto de nuevo para Raúl en 2011 después de haber ganado al Inter de Milán.

Raúl había ayudado a meter al Schalke 04 en las semifinales de la copa de Europa por primera vez en su historia y era un momento de celebración. «En el Madrid ganar es una obligación. Aquí es diferente», nos explicó Raúl en esa entrevista en la Ciudad de Fútbol del Schalke justo una semana antes del partido de ida contra Manchester United.

Con el carnaval provocado en la grada, Raúl se emocionó, él será por siempre una leyenda en el Real Madrid. Sin embargo, en sus últimos años en el club no tenía el protagonismo que él quería y había disminuido un poco el agradecimiento de la grada. «Cuando vine aquí la gente me paraba en la calle para decir "gracias por venir a Schalke"» dijo. «Para mí esto es algo irreal».

Raúl no quería retirarse después de sus casi dos décadas en el Madrid. En una ocasión habló sobre el típico jugador retirado que va al gimnasio cada día para correr 10 kilómetros porque lo echa de menos. Él quería seguir corriendo estos 10 kilómetros dentro de un campo de fútbol. El mítico número siete de la selección española y del Real Madrid quería seguir corriendo como un Forrest Gump futbolero, y en el Schalke 04 había encontrado el mejor bombón de la caja. El Schalke 04 era, y es, un club que abraza a sus jugadores. Él había vivido en la última parte de los 17 años que había pasado en el Madrid una cierta frialdad. La impresionante ciudad deportiva del club español, construida en 2005, solía estar cerrada a los aficionados.

En cambio, en Gelsenkirchen hubo días en la ciudad deportiva del Schalke, construida al lado de su nuevo estadio en 2001, que asistieron hasta 2.000 aficionados para ver los entrenamientos. Y los fans del club podían luego comer en la misma cafetería de sus ídolos.

El Schalke no llegó a la final de la Liga de Campeones en 2011. El Manchester United ganó la ida de la semifinal 2-0 en Alemania y la vuelta en Old Trafford 4-1. Pero Raúl ya había dicho en nuestra entrevista antes del partido: «No importa lo que pase ahora. He encontrado lo que estaba buscando».

Un mes después de la derrota contra el Manchester United, Raúl ganó la Copa DFB Pokal con Schalke 04. Fue su primer título en Alemania, y su primera copa, porque nunca la había ganado en España, obtenida gracias a una goleada por 0-5 ante el Duisburgo, de la segunda división.

Se quedó una temporada más y ganó la Supercopa de Alemania. En 2012 firmó por el equipo catarí Al-Sadd. Cuando se despidió de la afición del Schalke lo hizo entre lágrimas. El homenaje espectacular que le prepararon en el último partido de la temporada fue todo lo que no recibió en el Real Madrid.

Había marcado en sus últimos partidos. Schalke ganó 4-0 contra Hertha Berlín y así certificó la tercera plaza para el equipo. Les había dejado en puestos de la Liga de Campeones. «Gracias señor Raúl», se leyó en la pancarta que colgaba de las gradas del Veltins Arena.

Para el Schalke clasificarse para la Liga de Campeones se había convertido en lo habitual. Durante las próximas tres temporadas llegó no solo a la Champions, sino a la ronda de dieciseisavos después de haber clasificado a su grupo. Su éxito se basó en un elevado gasto en jugadores. Ese gasto fue posible, en parte, por un acuerdo de patrocinio con la empresa rusa de gas natural, Gazprom.

Mantener ese nivel de gasto fue difícil después de la pandemia de covid-19 en 2020, y aún más difícil cuando la invasión rusa a Ucrania obligó al Schalke 04 romper con su principal patrocinador.

En la pandemia, el parón del fútbol en Alemania tuvo consecuencias económicas importantes sobre todo para los clubes que solían tener más asistencia a sus estadios. Tener que jugar a puerta cerrada para un club capaz de llenar un estadio de 62.000 espectadores fue devastador.

La pandemia tuvo otro efecto no del todo mal recibido en el Schalke. En junio de 2020 el presidente Clemens Tönnies renunció a sus cargos. Tönnies llevaba 19 años en el club. Durante su reinado el equipo había ganado en tres ocasiones la Copa de Alemania, había sido cinco veces subcampeón alemán y había clasificado para la Liga de Campeones en diez campañas. Pero Tönnies no era del todo popular con todos los aficionados.

Antes de la pandemia había pronunciado, en una reunión de empresarios, un discurso racista en la que dijo que, en lugar de presionar a la industria sobre el tema del cambio climático, había que instalar centrales eléctricas en África para que los africanos dejaran de «hacer niños por la noche por falta de luz».

La Federación del Fútbol Alemán dictaminó que los comentarios habían sido racistas, Tönnies se retiró de sus cargos durante tres meses. Sin embargo, lo que provocó su dimisión fue la pandemia. Salieron a la luz las condiciones en las que vivían los trabajadores de una empresa de procesamiento de carne de su propiedad; sucedió cuando la fábrica se vio afectada por un importante brote de covid-19. Con acusaciones de que la mayoría de los trabajadores de la empresa vivían en alojamientos colectivos con pésimas condiciones de higiene que podían haber desatado el brote. Más de 1.000 empleados dieron positivo y eso llevó a las autoridades sanitarias locales a ordenar la cuarentena de sus 6.500 trabajadores y sus familias.

Supuso un revés para la estrategia de reapertura de Alemania y fue el colmo en cuanto a la continuación de Tönnies en el club. Él siempre había sido un hombre polémico. Había traído inversión rusa y había establecido la relación entre el Schalke 04 y Gazprom. Algo totalmente insostenible después de la invasión rusa a Ucrania.

Cuando tomó las riendas del club en 2001 había una deuda importante y fue prioritario encontrar patrocinadores grandes. Gazprom es la mayor compañía en Rusia y quería ampliar su alcance en el mercado y, a la vez, mejorar la imagen de Rusia en el mundo. Alemania era tierra fértil.

Con la ayuda de políticos alemanes y el lobby empresarial alemán, el Schalke 04 y Gazprom se reunieron; en 2006, Gazprom llegó a ser patrocinador por aproximadamente 20 millones de euros por temporada. El presidente de Rusia, Vladímir Putin estaba en la presentación del acuerdo en el Hotel Taschenbergpalais en Dresden. Hay una foto de Putin recibiendo una camiseta de Schalke 04 con el nombre de Gazprom, de parte de Tönnies.

Al principio, el acuerdo apenas encontró oposición. Además, Tönnies invirtió en Rusia, aprovechando las condiciones de crédito extremadamente favorables que le ofrecieron algunos bancos rusos. Pero poco a poco en la masa social del club fue creciendo la oposición a la colaboración. En 2014 Rusia se anexionó Crimea. Más tarde grupos separatistas prorrusos en Ucrania empezaron a atacar en el este del país.

En 2018 Gazprom cambió el enfoque de su patrocinio del Schalke 04 hacia el nombre «Nord Stream 2», el gasoducto de gas natural que iba de Rusia a Alemania. Iba a incrementar el suministro de gas natural ruso a Alemania tras la apertura de Nord Stream 1, pero después de la invasión rusa a Ucrania el Gobierno alemán se negó a aprobarlo. Durante mucho tiempo Tönnies seguía defendiendo la relación que el club tenía con Gazprom. Y después de su salida del club Schalke mantuvo el acuerdo en vigor. Pero después de la invasión se terminó definitivamente.

Rusia invadió Ucrania el 24 de febrero de 2022, y cuatro días más tarde el Schalke anunció que una de las alianzas más longevas en el patrocinio del fútbol europeo había llegado a su fin. «Tras los acontecimientos recientes, el Schalke 04 ha decidido eliminar el logotipo del patrocinador principal Gazprom de las camisetas del club», anunció en sus redes sociales.

Bild, el tabloide más leído en Alemania, había anunciado su intención de tapar en sus fotografías el logo de Gazprom en las camisetas del equipo, reemplazándolo con el mensaje: «Libertad para el pueblo ucraniano».

Hubo críticas de que el club solo había actuado por esa clase de presión y que había tardado demasiado en tomar su decisión. El director Peter Knäbel dijo: «No estamos hablando de poco dinero, así que teníamos que estar seguros de que podíamos permitirnos tomar esta decisión». Era evidente que después de la invasión no podían tomar otra decisión.

Tönnies, por su parte, también rompió con Rusia. En una declaración a Reuters dijo que a principios del siglo había un impulso político y económico en Alemania para ayudar a desarrollar la economía rusa. Añadió que ya había vendido sus empresas en Rusia; que su relación con Putin había acabado, y que su empresa de procesamiento de carne había ofrecido puestos de trabajo a refugiados Ucranios.

También expresó en redes sociales, después de la decisión del Schalke 04 de romper el contrato con Gazprom: «Estoy conmocionado por la guerra de aniquilación de Putin en Ucrania y la condeno en los términos más enérgicos. Me equivoqué con él, como hicieron muchos otros. Nuestras actividades comerciales en Rusia finalizaron en 2021. Y el Schalke también ha llegado a su fin con Gazprom. Todo se ha hecho bien».

Como consecuencia directa el club anunció pérdidas de 19,4 millones euros en el año 2022. El club dijo que el año había sido «extremadamente difícil» debido a la pandemia y a la ruptura con Gazprom. La decisión llegó justo cuando el Schalke 04 estaba a punto de volver a la Primera División después de haber bajado a Segunda en abril de 2021.

Volver de inmediato a Primera no iba a ser fácil. Ya tenían problemas financieros. En un momento pensaron que no iban a poder sacar la licencia para jugar en Segunda. Al final se registró y ascendió a pesar de haber tenido que reducir drásticamente la masa salarial.

En el momento de romper el contrato, Gazprom pagaba alrededor de 9 millones de euros al año al club mientras estaba en Segunda, e iba a pagar 15 millones de euros si subían a Primera. El Schalke sabía que podía encontrar otros patrocinadores, pero ninguno iba a pagar la misma cantidad.

Todo eso cambió de forma drástica la planificación del club para la temporada 2022-23. No podía fichar como antes. En 2010 cuando llegó Raúl, el club también fichó a Klaas-Jan Huntelaar del AC Milan y José Manuel Jurado del Atlético de Madrid por 14 millones y 11 millones respectivamente. En cambio, al principio de la nueva campaña en Primera el fichaje más caro fue Thomas Ouwejan por solo 2 millones.

El club declaró que su único objetivo para la temporada 2022-23 era mantener la categoría. Sin embargo, solo logró nueve puntos de las primeras 17 jornadas. Mejoró mucho en la segunda mitad de la temporada, pero el 27 de mayo perdió 4-2 contra Leipzig y descendió. Otra vez a Segunda.

Como consecuencia el presupuesto del equipo iba a tener que reducirse aún más. «Hay una cosa que no haremos: no nos rendiremos», declaró Axel Hefer, presidente del Consejo de Supervisión, un mes después del descenso.

El presidente del Consejo de Administración, Bernd Schröder, añadió: «Queremos estar en condiciones de competir a largo plazo por los seis primeros puestos de la Bundesliga. No hoy, ni el año que viene: a largo plazo».

En la temporada pasada (2023-24) el Schalke acabó décimo en la Bundesliga 2. Para colmo, el Borussia Dortmund llegó a la final de la Liga de Campeones. Al menos Die Knappen «Los Mineros» no tenían que sufrir otro éxito de su gran rival. El Dortmund perdió la final 2-0 en Wembley.

El futuro se ve brillante para los amarillos del Dortumnd; no tanto para *Die Konigsblauen* («los azules regios») del Schalke. Sin embargo, sus fans no han dieron la espalda a su equipo ni mucho menos, y la ruptura con Gazprom fue recibida como una victoria después de haber protestado en contra del acuerdo durante años.

Lo que es difícil de aceptar es su posición en el fútbol alemán respecto a su vecino. Hay solo 35 kilómetros entre Dortmund y Gelsenkirchen, sin embargo, por el momento, hay un mundo entre los dos clubes. La ciudad que se hizo famosa por sus minas está muy por detrás de la ciudad que se hizo famosa por sus plantas siderúrgicas de carbón en la misma época.

El túnel que va de los vestuarios al campo en el Veltins Arena del Schalke es una recreación de las minas de carbón de la cuenca del Ruhr con paredes que tienen el mismo color y textura. Este es un club orgulloso de tener sus raíces en una ciudad tan importante en la historia de Alemania. A principios de siglo, era la capital minera de Europa. Fue llamada «La ciudad de los mil fuegos», por ser símbolo del motor industrial alemán.

La última mina de carbón de Gelsenkirchen cerró en el 2000 y como consecuencia los niveles de desempleo pueden ser superiores a los de la mayor parte del resto de Alemania. Pero la conexión entre el club y sus seguidores nunca ha disminuido.

Eso fue algo que Raúl experimentó de primera mano. Su presencia sigue en el club. Hay fotos de él en el museo del estadio. Su camiseta está colgada al lado de los guantes del mítico portero Manuel Neuer. Él ocupa su lugar junto a otras leyendas como el máximo goleador Klaus Fischer.

Cuando Raúl estaba en el Schalke 04, decía que gran parte de sentirse a gusto fue la ausencia de presión y responsabilidad extra; lo que tenía en el Madrid como capitán. Él bromeaba que en el Schalke no le podían dar el brazalete porque no hablaba alemán. Así que ser capitán del Schalke 04 en 2011 nunca fue una opción. ¿Y técnico en un futuro no muy lejano?

Desde entonces Raúl ha vuelto a la capital de España. Lleva cinco años como entrenador en las categorías inferiores en el Real Madrid. Hubo momentos cuando parecía que le iban a ofrecer ser entrenador del primer equipo, pero todavía no ha pasado. Es posible que en un futuro no tan lejano quiera escapar del Real Madrid por segunda vez. Si busca otra aventura en la Bundesliga y pide una oportunidad en Gelsenkirchen, «Los Mineros» no le van a decir que no. Ya sea Raúl o sea otro. En el Schalke 04 saben muy bien cómo tratar a sus héroes. Y están a la espera de que vengan nuevos para levantar el club una vez más.

8.
El martillo que rompió el tabú

«La gente se me acerca por la calle y me dice: "Eres...". Y no sé exactamente lo que van a decir. Pero acaban sus frases diciendo: "¡Eres ese futbolista!"».

Thomas Hitzlsperger

Mucho antes de que Thomas «The Hammer» Hitzlsperger capturará instantáneamente la atención del mundo del fútbol en enero 2014 al convertirse en el primer jugador de alto nivel por declarar que es gay, el talentoso bávaro había ofrecido abundantes pruebas de que él es algo fuera de lo común.

Este es el joven que abandonó un gran futuro en el Bayern de Múnich —sin contarles la verdad sobre lo que estaba haciendo y adónde iba— para unirse al Aston Villa en las Midlands de Inglaterra en lugar de quedarse y dominar el fútbol alemán con los gigantes bávaros.

Es el capitán que fue una parte fundamental para llevar al VfB Stuttgart a lo que sigue siendo solo su tercer título de la Bundesliga en sus 131 años de historia: un drama mágico sellado con uno de sus atronadores goles.

Un niño con un zurdazo increíblemente potente, para hacer que Fernando Hierro, Ronald Koeman o Roberto Carlos parpadearan de asombro y, luego, le saludaran con admiración. De ahí le viene el apodo de «Hammer», «martillo» en español. Cuando un balón era golpeado por el pie izquierdo de «Hitz» era imparable. Los aficionados sospechaban que los porteros se tiraban «cerca» de sus disparos, sutilmente, para asegurarse de no correr el riesgo de decapitarse o perder una mano al entrar en contacto con uno de sus cañonazos.

Estamos hablando de un alemán que se destacó de sus compañeros en la final de la Eurocopa de 2008, donde España ganó a la Mannschaft para convertirse en el campeón de Europa por primera vez desde 1964. Él era el único jugador de los alemanes que intentaba jugar el mismo fútbol inteligente, de posesión, con el que Xavi, Iniesta, Silva, Villa y el Niño Torres habían dominado el torneo.

El héroe de este capítulo acabó segundo en la Eurocopa de 2008 y tercero en el Mundial de 2006. «Orgullo» es una palabra con más de una interpretación en la vida de Hitzlsperger.

Mucho antes de que Thomas "The Hammer" Hitzlsperger captura instantáneamente la atención del mundo del fútbol en enero 2014 al convertirse en el primer jugador de alto nivel en declarar que es gay; el talentoso bávaro había ofrecido abundantes pruebas de que él es algo fuera de lo común. © Shutterstock.

También, por cierto, es un chico alemán que, una vez convertido en una legendaria estrella del Aston Villa, se relacionó con el gobernador del Banco de Inglaterra gracias a sus intereses financieros y futbolísticos comunes.

Pero, siendo este mundo lo que es, el nombre de Hitzlsperger se recuerda más a menudo porque dejó a su prometida en vísperas de su boda y, a su debido tiempo, encontró la liberación al admitir, tanto ante sí mismo como ante el mundo exterior, que simplemente prefería estar en una relación con un hombre.

Leyendo ahora esas palabras, la mayoría de nosotros dirá: «¿Y qué?».

La sociedad ha cambiado radicalmente en los diez años transcurridos desde que Thomas «salió» del armario.

La legislación ha cambiado, la educación se ha modernizado, la ignorancia está a la fuga: la mayoría de las profesiones no se inmutarían si un personaje importante revelara que es gay.

El fútbol, sin embargo, es una industria espinosa, decididamente anticuada y a menudo hipócrita.

La dura realidad de su revelación (y, tengamos claro que él decidió activamente hacer pública su elección de vida, no fue «desvelado» por ningún periódico sensacionalista virulento) es que no ha sido seguida por una oleada de otros futbolistas importantes que declarasen públicamente que también son homosexuales, es un indicio de lo duro, desalentador y potencialmente estigmatizante que se considera esa decisión. Increíble, pero tristemente cierto.

Más poder para Hitz, más admiración por su claridad, su honestidad y su valentía. ¡Vaya chico es Hammer!

Fue así, en la primera semana de enero de 2014 llamó al gigante mediático alemán *Die Zeit* y pidió que se reunieran para una entrevista porque tenía «cosas importantes» que contarles.

Se les dio una vaga indicación de qu*é* iba a ir la entrevista.

Su primera pregunta fue: «¿Por qué nos ha pedido que le entrevistemos?».

Hitzlsperger dijo directamente: «Quiero expresarme sobre mi homosexualidad. Quiero promover un debate público sobre la homosexualidad entre los deportistas profesionales. Este tema siempre está atrapado en clichés: los atletas se consideran "profesionales", "perfectamente disciplinados", "duros" e "hipermasculinos", y los homosexuales "maliciosos", "blandos" y "sensibles". ¡Por supuesto, estos tópicos no corresponden a la realidad! ¿Un deportista profesional homosexual? Se acumulan las contradicciones, lo que me molestó una y otra vez en mi carrera profesional. También me molestó, ¡que siempre son los menos expertos los que hablan más alto sobre este tema!».

Die Zeit le preguntó: «¿Hablas de esto ahora solo porque alguien amenazó con "descubrirte"?».

Hitzlsperger respondió: «¡Eso no me amenazaría! ¿A qué viene esa idea? Como futbolista profesional, era una persona pública a la que cualquier sociópata podía insultar sin pensárselo dos veces. En el fútbol te pueden acusar de cualquier cosa: "maníaco-depresivo", "homosexual", "adicto", "arruinado". Pero lo más común actualmente es "homosexual", sobre todo con lo que se considera un superinsulto de ser "gay"».

Hitzlsperger había decidido que, con su carrera terminada por lesiones, era el momento en que podía no solo hacer una declaración, sino avanzar el tema, tomar la iniciativa e intentar tener un impacto global, por el bien de los demás, aunque sufriera consecuencias negativas.

Preveía las inevitables críticas instintivas hacia él por no haber explicado su verdad personal cuando todavía era un futbolista en activo. Pero Hitzlsperger se sintió impulsado por los Juegos Olímpicos rusos como una ocasión para oponerse activamente a la forma en que el Gobierno de Putin, y otros regímenes, tendían a hablar críticamente sobre los atletas homosexuales. La estrategia de Hitzlsperger fue planificada y ejecutada inteligentemente, y tuvo un impacto inmenso.

Hitzlsperger declaró a *Die Zeit*: «Mucha gente cree que existe un momento exacto para algo así. Esto es una ingenuidad. Crecí en una pequeña comunidad en la Baviera predominantemente católica. La homosexualidad era tratada como algo antinatural, incluso criminal. Entonces no me importaba porque no podía imaginar que esto alguna vez fuera un problema para mí. Mucho después leí cosas sobre la naturalidad de la diversidad sexual, por ejemplo, del sexólogo Volkmar Sigusch. Nada de esto encajaba con la doctrina católica. Me pareció emocionante precisamente por eso. ¡Poco a poco me di cuenta de que esto me concierne a mí! En cuanto a las críticas por haberme callado anteriormente, bueno: ¿en qué ocasión pude haber hablado de sentimientos de orientación sexual?».

Al recordar el momento sísmico años después, Hitzlsperger dijo a los autores de este libro: «Por supuesto que fui estratégico en todo esto. He estado en el negocio del fútbol durante suficiente tiempo, y he sido famoso durante suficiente tiempo como para saber cómo hacer algunas cosas. Pero está claro que no tenía comparación con otros jugadores en cuanto a cómo ellos salieron. Conocía personas que pensé que podrían ayudarme y asistirme de esa manera. Les hice preguntas, les dije lo que quería hacer y evaluamos cómo hacerlo. Entonces algunas personas me apoyaron y fueron brillantes. En general, estoy bastante contento con cómo ha ido todo».

Está claro que él quería hacer un impacto positivo y así fue. «Por experiencia propia, voy a los estadios y la gente no me dice ni una mala palabra. Me hablan de fútbol. La gente se me acerca por la calle y me dice: "Eres…". Y no sé exactamente lo que van a decir. Pero acaban sus frases diciendo: "¡Eres ese futbolista!". Esa es mi experiencia. La gente es consciente de lo que he dicho, pero no le da demasiada importancia».

> «¿Hemos avanzado?, ¿hemos mejorado? Creo que sí, porque solo puedo hablar de la gente que me escribe y que habla conmigo. Una mujer se me acercó en un estadio y me dijo: "Gracias por lo que has hecho por el fútbol, y también fuera del fútbol". Por supuesto, me lo tomé como un cumplido. Me pasa de vez en cuando y pienso: "¡Sí, ha marcado la diferencia!"».

> «A todo el mundo le ayuda salir. Nunca he querido presionar a nadie; siempre he pensado que si te sientes cómodo en tu propia piel y crees que es el momento adecuado, ¡hazlo! Pero nunca ha sido mi intención animar a otros a hacerlo, ni decir: "¡Y ahora otros deben salir!". ¡No en absoluto! Es una decisión muy personal y yo, unos años después, sé que la gente ha cambiado de opinión. He recibido muchos correos diciendo: "Gracias por lo que has hecho, ahora soy más aceptado" o "me has ayudado a tener el valor suficiente para salir ante mis padres y mis amigos". Para todos a los que he ayudado, aunque sea en lo más mínimo, creo que ha sido positivo».

Ya son *más de* 10 años desde su anuncio en 2014. Nunca iba a ser fácil para el primer futbolista de renombre mundial hacer lo que hizo Thomas. Sin embargo, nunca pareció que no pudiera con ello. Nos dijo: «Volvemos a lo de ser un modelo a seguir como futbolista. La primera experiencia que tuve fue con aquel blog que hice sobre racismo y antisemitismo ("Störungsmelder" pretendía fomentar el debate sobre el racismo y la xenofobia en Alemania). Así que me hice una idea de cómo era tratar estos temas. Y este es un tema más en el que hablamos de fútbol y de aceptación en la vida en general, de los aficionados al fútbol, y cómo se trata a las minorías. Es impactante, me alegro de haberlo hecho y espero que las cosas mejoren cada vez más».

Hitzlsperger es un hombre inteligente y elocuente, alguien dotado de muchos talentos, no solo de la fuerza necesaria para tomar una decisión potencialmente controvertida e incuestionablemente notoria y llevarla a cabo con sentido común y claridad.

Pero su primer «superpoder» fue el aspecto más básico a partir del cual florecería su carrera: cómo patear un balón. Cualquiera que lo viera en aquel entonces, sin importar cuán joven o pequeña fuera la versión de «Hitz» de la que estemos hablando, lo sabría al instante: este niño lo tiene. «Desde el principio», dice Hitzlsperger, «cuando pateé una pelota de fútbol por primera vez y llegó más lejos que la de mis compañeros, me di cuenta de que era una cualidad que tenía que valorar y desarrollar. Como futbolista hay que tener al menos una cualidad que destaque y la mía era mi potente zurda. Practiqué y practiqué porque sabía que pocos tenían la cualidad que yo tenía».

La fortuna estuvo de su lado en cuanto a donde creció, cómo era su familia y cómo intentarían nutrir su naturaleza. Nos dijo: «Tuve suerte porque yo tenía cinco hermanos mayores que jugaban conmigo y crecimos en una granja con mucha tierra. Justo afuera de la casa había un terreno casi tan grande como un campo de fútbol donde podíamos jugar».

> «Fiché por el Bayern a los siete años y como tenía tanto espacio en la granja le pedí al Bayern si podían darnos un par de porterías antiguas para colocarlas fuera de mi casa. ¡Así podría jugar siempre! Y me encantaba el fútbol, jugaba y jugaba y nunca era suficiente para mí.
>
> «Entrenaría tres veces por semana y luego siempre tendría un campo de fútbol en casa, ¡y con dos porterías y mis hermanos con quienes podía jugar!».
>
> «No era el campo de Wembley, pero era lo suficientemente bueno. Decía a mi padre que siguiera cortando el césped cada dos semanas para que estuviera en buen estado. Él se dio cuenta de que yo tenía un gran talento y quiso apoyarme».
>
> En el Bayern, incluso a los siete años, estás rodeado de grandes jugadores, que sueñan con el primer equipo, así que siempre hay una enorme competencia. Y cuando juegas, ¡todos quieren ganar al Bayern de Múnich!
>
> «Tienes que luchar por ello. Estaba muy motivado. Pero hubo muchos sacrificios y a veces uno se pregunta: "¿Voy a llegar al nivel más alto?". Mis padres y mis hermanos me enseñaron que tenía una responsabilidad hacia ellos y que no podía decepcionarlos».

Incluso siendo tan joven tuvo que tomar una decisión que iba en contra de lo que su familia defendía, pero en un sentido mucho más ligero que cuando enfrentó su sexualidad y decidió abordar el tema con los medios de comunicación de todo el mundo muchos años después. Esta vez se trataba de lealtad, ¡y hasta dónde se puede llegar sin romperse!

Dice Thomas: «En mi familia, todos eran aficionados del 1860 Múnich, ¡no del Bayern! ¡Y yo también! Sin embargo, cuando recibes una llamada telefónica del Bayern de Múnich, el mejor equipo del país, incluso cuando eras niño, era lo suficientemente sensato como para saber: "¡Tengo que ir allí!". De hecho, si esto hubiera sucedido a los 16 o 17 años, después de años de apoyo incondicional al 1860, habría sido más difícil. A los 7 no tienes la misma experiencia. Se siente diferente. Así que no me resultó tan difícil adaptarme y decirme: "¡Está bien, ahora soy aficionado del Bayern!"».

Era una época en la que el Bayern de Múnich era un caos constante, lleno de talento, personalidades explosivas y hambre de ganar, pero también perpetuamente expuesto a un instinto de autodestrucción.

Explica: «El Bayern era el mejor del país, pero no con tanta regularidad. Tenían futbolistas fantásticos, pero trajeron extranjeros por mucho dinero y como canterano vi que se hacía más difícil llegar al primer equipo. Eran conocidos como FC Hollywood, siempre controvertidos, como una telenovela. Tenían jugadores y entrenadores interesantes, pero futbolísticamente tenían altibajos. Fue útil aprender desde el principio que no le agradarás a todo el mundo porque todos los demás odiaban al club. Lothar Matthäus me llamó la atención entonces. Era simplemente el mejor jugador que puedas imaginar».

En ese periodo del principio del siglo XXI no era solo la propensión del club de fichar extranjeros que le indicaba que no iba a llegar al primer equipo si se quedaba. Comenta: «El club tomó la decisión de "cercar" los entrenamientos del primer equipo con vallas y entonces me di cuenta, inmediatamente, de que no había ningún "puente" entre la cantera y ellos. Podrías verlos entrenar, pero era como: ¡no hables con ellos!».

Su traspaso a Inglaterra fue misterioso y clandestino y con gran éxito al mismo tiempo. Era en un momento, típico de una actitud de: yo haré las cosas a mi manera y si a los demás no les gusta, que se jodan.

> «Iba a ser difícil ascender en el Bayern, pero mucho antes de que me dijeran «no va a suceder», ¡yo se lo dije a ellos! Llevaba 11 años ahí y formaba parte de un grupo muy talentoso, pero cada año alguien se marchaba. Fui lo suficientemente bueno como para seguir ascendiendo todos los años, pero fui al Mundial sub-17 en Nueva Zelanda y un agente se me acercó para hablar conmigo. Me dio su tarjeta de presentación y me dijo: "Si estás interesado en una prueba en Inglaterra estoy bien conectado"».

> «¡Estaba intrigado! Pensé: "¿Por qué no arriesgarme e ir allí para hacer una prueba?". No tenía ningún club en mente, no se lo dije a mis padres, lo pensé como una oportunidad única en la vida. El único que lo sabía era uno de mis hermanos, que me ayudó a organizarlo todo en secreto. No se lo dije a nadie más. Cogí el avión, me presenté en Birmingham, en el campo de entrenamiento del Villa, un lunes por la mañana, entrené durante una semana y ¡al final me ofrecieron un contrato!».

> «Siempre tenía esa capacidad de sorprenderme. Yo era un chico que estaba todos los días en el Bayern, entrenando duro, escuchando al entrenador y haciendo lo mejor que podía. Pero por primera vez en mi vida pensé: "Voy a arriesgarme aquí". Durante esa semana en Birmingham, después de tres o cuatro días, el Bayern se enteró de lo que estaba pasando. Fue porque le había mentido al director de mi equipo en el Bayern que la empresa en la que estaba haciendo un aprendizaje comercial a tiempo parcial, organizado por el club, necesitaba que yo trabajara en otra ciudad de Alemania. Mi mentira era para que el Bayern no sospechara de mi ausencia. Pero el Villa quería que jugara

un amistoso y le enviaron un fax al Bayern para pedirle permiso. Y por supuesto el Bayern respondió: "¡No, no! ¡Nos dijo que estaba trabajando un par de días en otra ciudad alemana!"».

«Evidentemente, Karl-Heinz Rummenigge y Uli Hoeness me dijeron que volviera inmediatamente. Pensé: "Ahora todos saben que estoy en el Bayern". Tuve que confesarle a mis padres y a mi entrenador del Bayern. Pero me quedé en el Villa. Cuando volví a casa con un contrato les dije a todos: "¡Si os hubiera dicho la verdad no me habríais dejado ir!"».

«Al final resultó ser la mejor decisión. El Villa no podía creer que yo no tuviera contrato. Esa fue parte de la razón por la que sentí: "¡Puedo hacer esto!". Soy libre de hacer lo que quiera. El Villa se dio cuenta de inmediato: "¡Este tipo es bastante bueno!". También tuve pruebas con el Liverpool y el Celtic, pero el Villa me convenció. Me hicieron sentir querido. ¡Tal vez porque lancé algunos de esos tiros de "martillo" en la primera sesión de entrenamiento! ¡Les encantaba que golpeara la pelota con tanta fuerza!».

Hitzlsperger fue un gran éxito en el Aston Villa y era popular con todos los seguidores del club. El gobernador del Banco de Inglaterra, Lord Mervyn King, es un aficionado del Villa y más tarde escribió en el sitio web del club: «Me preguntó Gisela Stuart, la diputada laborista nacida en Alemania, si Thomas podría venir al banco y hablar conmigo. Quería preguntar sobre temas como la inflación. Es un joven extraordinario». Los dos se hicieron amigos e intercambiaron correos electrónicos.

Después de 100 partidos y doce goles, la etapa de «Hitz» en el Villa había terminado, pero le esperaba la gloria en la Bundesliga con el Stuttgart.

Recuerda con cariño su etapa en Birmingham: «El Villa era un club fantástico», dice. «Sus aficionados me pusieron el apodo de "Der Hammer" ("el Martillo"). Ahora mucha gente me llama Der Hammer. No sé a quién se le ocurrió, pero me gustaría agradecérselo. Mucha gente me lo sigue diciendo. El apoyo, en general, fue increíble. En el fútbol es muy importante que los aficionados te quieran».

Hitzlsperger estaba a punto de convertirse en un centrocampista clave para los campeones de Alemania y para la Mannschaft. El éxito, los trofeos y el reconocimiento lo aguardaban. Regresaría como una especie de estrella a un país del que se había escapado cinco años antes. El drama le estaba esperando.

En la temporada 2006-07, el Stuttgart tenía el equipo más joven de la Bundesliga y el segundo más al sur, solo el Bayern de Múnich estaba más abajo en el vasto país. Pero los gigantes bávaros no estuvieron a la altura. Esa temporada perderían diez veces y el Werder Bremen y el Schalke 04 parecían favoritos para ganar el título. El Stuttgart de Hitzlsperger era considerado candidato al fútbol europeo, pero al no haber ganado la liga durante 14 años, no se le veía como potencial campeón. En la jornada 26 estaban terceros a siete puntos del líder, el Schalke, pero ganaron espectacularmente los últimos ocho partidos de lo que fue una temporada histórica y emocionante en la Bundesliga.

Al final, Hitz y compañía terminaron como velocistas mientras sus rivales caminaban y tropezaban. Pero no fue tan sencillo como parece ahora: el Stuttgart estuvo a punto de cometer un gran error.

Hitzlsperger explica: «La historia comienza el día antes del último partido, cuando de repente estábamos en lo más alto de la tabla por primera vez en toda la temporada. De repente habíamos aparecido como líderes justo en el momento adecuado. Pero ahora teníamos que defender esa posición para ganar la Bundesliga. Durante toda la temporada, el Schalke, el Bayern o el Werder Bremen siempre estuvieron arriba y estábamos libres de presión. Entonces, hasta ese momento todos estábamos emocionados y simplemente disfrutando del entrenamiento. Los jugadores llegaban a veces 90 minutos antes del entrenamiento para hacer ejercicio y probar cosas, ¡simplemente para divertirse! Luego salíamos todos juntos por las tardes. Fue genial; simplemente nos estábamos divirtiendo. Pero ahora, de repente, todo el mundo estaba muy nervioso y pensaba: "¡Y si ahora no ganáramos la liga! ¡Lo habremos tirado todo!"».

> «Recuerdo la última semana antes del partido decisivo de toda la temporada. El viernes nadie hablaba en el entrenamiento. Se notaba la tensión. Fue muy extraño. Los aficionados nos esperaban en el estadio, era uno de los días más calurosos; parecía que el tiempo, como la situación, estaba al límite. Se notaba la tensión y los nervios; era increíble».

> «Luego encajamos el primer gol del partido contra el Cottbus, que ya estaba descendido. Con el 0-1 en el marcador empiezas a pensar: "Joder, ¿qué está pasando aquí?". El estadio se quedó en un silencio sepulcral y había una atmósfera realmente extraña. Lo que nos salvó fue que la práctica hace la perfección. Resultaba que durante todos esos meses de sesiones de entrenamiento "divertidas" en las que los jugadores llegaban temprano o decidían quedarse hasta tarde para trabajar en ideas y habilidades, se había formado una conexión fuerte».

En el minuto 27 del partido uno de estos automatismos iba a cambiarlo todo. Y Hitzlsperger iba a protagonizar el mejor momento de su carrera. Su memoria y la de sus compañeros recordaban toda la práctica y todos los buenos hábitos acumulados. Era la hora del martillo, o, mejor dicho, era «¡*Hammer time*!».

Hitz lo cuenta con mucha humildad: «Mi compañero Pável Pardo puso un centro y yo hice un disparo que fue bloqueado. Pensé que era imposible que volviera a pasar. ¡Posibilidades cero! Pero entonces conseguimos un córner y yo estaba en el sitio adecuado para que me encontrara, otra vez, e increíblemente, la defensa del Cottbus hace exactamente lo mismo que la vez anterior. Me dejan solo, a unos 20 metros de la portería. Nadie me hizo el marcaje».

Es verdad que no hubo marcaje, pero aún tuvo que chutar con potencia y precisión. Estaba lejos de la portería y el disparo tenía que traspasar un área muy poblada. El zurdazo, el martillo de Hitzlsperger, un voleo digno de ganar cualquiera liga, batió al portero, Tomislav Piplica, y lo cambió todo. «Con el gol del empate, el equipo volvió a creer», escribió Raphael Honigstein en *The Guardian*. Los nervios en el Gottlieb-Daimler Stadion se desvanecieron. El carnaval podía empezar. Sami Khedira marcó el 2-1 justo después de la hora y los 56.000 aficionados de Stuttgart podían empezar a celebrar la tercera Bundesliga de su historia.

El chico de la granja había marcado el gol de la gloria. Marcó siete goles en aquella temporada y su liderazgo había sido decisivo. Ahora con un título de la liga entre su palmarés tenía aún más perfil, más renombre y más peso en la historia del fútbol alemán; cosa que hace aún más valiente e importante lo que anunció unos años más tarde en *Die Zeit*.

9.
«Machtig Maus»

«Corrimos, corrimos y corrimos alrededor del perímetro de uno de los campos de entrenamiento, y uno a uno los jugadores se fueron retirando».

Kevin Keegan sobre los métodos de entrenamiento de Branco Zebec.

En el verano de 1977 Kevin Keegan era el mejor jugador en Europa y el Hamburgo SV (HSV) —uno de los clubes más ricos del continente en el momento— le compró.

Ese mítico club de la segunda ciudad más grande de Alemania tiene raíces en el siglo XIX. Se formó de la fusión de tres clubes, uno de ellos el SC Germania, fundado en 1887. El SC Germania se fusionó con FC Falke Eppendorf y Hamburger FC para formar el HSV en 1919.

En 1977, el HSV tenía bastante dinero por un lucrativo acuerdo de patrocinio con la marca japonesa «Hitachi», y en su corazón tenía un ardiente deseo de ganar por fin su primera Bundesliga.

El gran plan funcionó y en 1979 se proclamaron campeones presentando la «Meisterschale» en el Rathausmarkt ante miles de aficionados. El logro fue gracias a Keegan, a su socio en el ataque, Horst Hrubesch, al genio del medio campo Felix Magath, y gracias, sobre todo, al entrenador Branco Zebec.

«Era un gran conocedor del mundo, y muy terrenal», dice Keegan. Reflexionando sobre esa época casi medio siglo después, continúa: «No hay que olvidar que era un gran jugador. Cuando has jugado en la élite, puedes decir lo que piensas porque has hecho lo que has hecho. Tenía sus demonios fuera del campo, pero era un entrenador muy inteligente y todos lo respetábamos».

El Hamburgo SV había ganado la Recopa en 1977 con el entrenador Kuno Klötzer. Pero el director general, Peter Krohn quería más. Reemplazó a Klötzer con Rudi Gutendorf y batió el récord de traspaso dando 500.000 libras al Liverpool por Keegan.

Gutendorf, quien había entrenado al Valladolid en la temporada 1974-75, solo duró 12 partidos antes de que le despidieran. Keegan tuvo problemas al principio y parecía que no iba a durar mucho más que su entrenador.

Aguantó. Un vestuario hostil desconfiaba de él. Una tarjeta roja en un amistoso le costó una sanción de ocho partidos. Y no pudo evitar una derrota de 6-0 en el campo del Liverpool en la Supercopa de Europa. Sin embargo, mejoró en la segunda parte de la temporada y en el verano de 1978 hubo cambios en el club que cambiaría la fortuna de él y del HSV.

Cuando Keegan ganó el Bal*ó*n de Oro por mejor futbolista del año en Europa al final de 1978 dijo: «Me siento muy orgulloso, pero no lo debo solo a mí. Debo agradecer la ayuda que me ha prestado mi entrenador, Branko Zebec, y Gunter Netzer y todos mis compañeros de la plantilla».

Netzer había sido un jugador legendario en el Borussia Mönchengladbach y en el Real Madrid antes de convertirse en director deportivo, reemplazando a Krohn en el HSV. Él fichó al delantero centro Horst Hrubesch para ser el nuevo socio de Keegan. Y también fichó a Zebec.

El habilidoso extremo de la selección yugoslava, Zebec había brillado como jugador en los mundiales de 1954 y

1958. Como entrenador había tenido un impacto espectacular en su primer año en Alemania. Solo tenía 40 años cuando se presentó en el Bayern de Múnich en 1968 y llevó al club a su primera Bundesliga.

Pero no llegó al final de su segunda temporada en el Bayern. Había rumores de un vestuario descontento, al que no le gustaban las maneras y los métodos de Zebec. Llegó al Hamburgo SV en 1978 después de haber reconstruido su reputación en el Eintracht Braunschweig.

Bajo sus órdenes, Braunschweig, más acostumbrado a sufrir, consiguió el ascenso a Primera y se mantuvo en la Bundesliga durante cuatro temporadas. Y no solo los mantuvo en Primera División, en 1977 acabó tercero a solo un punto del campeón, el Borussia Mönchengladbach.

La gran pregunta era: *«¿Sómo sería Zebec de vuelta a un vestuario lleno de grandes personalidades?»*.

Con Keegan nunca hubo ningún problema, todo lo contrario. Zebec tenía fama de ser un capataz severo que valoraba la condición física de sus jugadores casi por encima de todo lo demás. En Keegan encontró a un jugador que abrazaba la filosofía: si estamos más en forma que los demás, los ganaremos.

Preguntado por cómo eran sus primeros entrenamientos con Zebec, Keegan dice: «Corrimos, corrimos y corrimos alrededor del perímetro de uno de los campos de entrenamiento, y uno a uno los jugadores se fueron retirando. Él sabía que la forma física de los jugadores era vital. Yo pensaba que estaba muy en forma cuando llegué al HSV, pero su entrenamiento me llevó a otro nivel. Éramos un equipo con talento, con jugadores de mucho talento, pero si a eso le añadíamos nuestra forma física, éramos un equipo difícil de batir».

Keegan marcó 17 goles en la temporada 1978-79. «Creábamos muchas ocasiones, así que quien jugara en la delantera tendría muchas oportunidades de marcar goles», dice. «Cuando llegó Hrubesch fue un sueño hecho realidad para mí, ya que era genial jugar con él. Era muy valiente y su valentía nos ayudó a crear ocasiones».

Fue con un empate a cero en el campo del Arminia Bielefeld, en la penúltima jornada, en que se proclamó campeón. Su único rival para el título, el Stuttgart, había tropezado inesperadamente contra FC Köln. Los 5.000 seguidores del HSV irrumpieron en el campo para celebrar su primera liga desde la inauguración de la Bundesliga en la temporada 1963-64. Una semana más tarde el capitán Peter Nogly recibió el trofeo en un partido que el Hamburgo SV perdió por 2-1 contra el Bayern de Múnich. El HSV había ganado el campeonato de Alemania (preBundesliga) en 1960, en la época moderna la espera había durado 19 años pero había terminado. Era demasiado para algunos.

Miles de espectadores se desparramaron sobre el terreno de juego desde la abarrotada grada del Westkurve en el Volksparkstadion, 71 personas resultaron heridas. El equipo tuvo que huir a los vestuarios, sin dar la vuelta de honor, para permitir que las ambulancias llegaran hasta los heridos.

Las celebraciones del título continuaron durante la semana siguiente. «Cuando un club lleva años sin ganar algo tan importante, por supuesto la ciudad de Hamburgo se volvió loca durante un buen tiempo», dice Keegan del trofeo que sería el último de su carrera como jugador.

En cierto modo la historia de Zebec en el Hamburgo SV fue muy similar a la que pasó en el Bayern. La primera temporada fue espectacular, luego las cosas fueron cuesta abajo, pero no tan rápido. En la temporada 1979-80 su equipo arruinó el sueño del Real Madrid de ganar la Copa de Europa en su propio estadio. La final en 1980 iba a tener lugar en el Santiago Bernabéu. Una razón más por la que el Real Madrid —que llevaba 14 años esperando su séptima Copa de Europa— quisiera ganarla. Se enfrentó al HSV en semifinales.

En cierto modo la historia de Zebec en el Hamburgo SV fue muy similar a la que pasó en el Bayern. Fotografía como jugador en un partido de un equipo de la FIFA contra el FC Barcelona en el Estadio Olímpico en 1953. © Dutch National Archives, The Hague, Fotocollectie Algemeen Nederlands Persbureau (ANEFO), 1945-1989/Wikipedia.

Los dos entrenadores se conocían bien. Zebec, un extremo eléctrico en el Partizan Belgrado con capacidad de jugar también como lateral, había hecho su debut para Yugoslavia a lado del Vujadin Boškov, quien ahora era el entrenador del Real Madrid.

Zebec había hablado de la importancia de no encajar goles en el partido de ida en España y, después de que el Madrid ganara ese primer partido por 2-0, los medios españoles acusaron al Hamburgo de un conservadurismo que rozaba la cobardía.

Zebec se negaba a ir a la sala de prensa después del partido y todos los reporteros tenían que ir al vestuario de HSV. Pero lejos de estar enojado y de mal perder sus respuestas eran generosas. Dijo: «El Madrid demostró coraje, valentía, y mucha más fuerza de la que suelen mostrar los equipos españoles».

Preguntado si sería diferente en el Hamburgo dijo: «Espero que sí. Pero es muy difícil. Espero que mis jugadores hayan aprendido la lección». También admitió que el marcaje al hombre del Real Madrid sobre Keegan había funcionado bien. El joven defensa Ángel Pérez García solo tenía 22 años, pero hizo un partido tan bueno que cuando murió en 2019 uno de los obituarios, en el *ABC*, se tituló «Muere el hombre que anuló a Keegan». Su partido en aquella semifinal nunca fue olvidado.

Zebec prometió que Keegan sería otro en el Volksparkstadion en el segundo partido y así fue en una noche inolvidable para la afición del Hamburgo. Al delantero inglés le encantaban las exigencias físicas de las sesiones de entrenamiento de Zebec. Había construido su carrera a base de no solo ser más habilidoso que su oponente, sino más fuerte, más rápido y más agresivo a pesar de su diminuto tamaño.

Al hombre que los aficionados llamaban «Machtig Maus» («Mighty Mouse» en inglés, y el «Ratón Potente» en español) también gustaban las ideas de Zebec. Y a Zebec le encantaba tener un soldado que creía en su entrenador. Los dos tuvieron su mejor noche el 23 de abril de 1980.

La expedición madridista no empezó bien cuando su extremo británico Laurie Cunningham llegó 40 minutos tarde al aeropuerto. Cuando él y sus compañeros llegaron al aeropuerto del Hamburgo, Netzer, exjugador del Madrid, y ahora director deportivo del club alemán estaba ahí para darles la bienvenida.

Ese gesto fue la última muestra de generosidad y simpatía. El Hamburgo destrozó al Madrid con una oleada tras otra de devastador fútbol de ataque. «Irresistible Hamburgo» tituló *Mundo Deportivo* tras la exhibición en el segundo partido.

Pérez García había dominado a Keegan en Madrid, pero su noche en el Hamburgo empezó mal cuando el árbitro italiano Alberto Michelotti pitó un penalti por su entrada tardía al inglés. Manfred Kaltz convirtió la pena máxima en el minuto 10.

Cunningham compensó por haber llegado tarde al aeropuerto empatando en el minuto 31. También un disparo suyo se estalló en el larguero. Pero Hamburgo marcó cuatro veces más. Kaltz de nuevo, Hrubesch dos veces y Caspar Memering en el último minuto.

«Sinceramente, no recuerdo mucho del partido en España, aparte de la decepción de haber perdido», dice Keegan. «Todo el mundo pensó que se había acabado para nosotros. Pero Zebec seguía muy tranquilo y confiaba en que podríamos darle la vuelta en nuestro propio estadio».

Nunca parecía que el Madrid iba a remontar. A partir del minuto 83 tenían que jugar con diez. Vicente del Bosque, el mediocampista de Madrid quien había brillado en el primer partido pegó un puñetazo a Keegan y el árbitro le enseñó la tarjeta roja. Esa decisión y la de dar un penalti a Keegan en la primera parte fue muy criticada por la prensa española. Para ellos, el Madrid había caído en las varias trampas de un Hamburgo horrible.

Para Zebec, este resumen fue muy equivocado. «Ningún equipo nos hubiera parado», dijo a los reporteros después del partido. «Del Bosque no puede quejarse de la expulsión», dice ahora Keegan cuando recuerda la indignación de un José Camacho señalándole con el dedo como si hubiera engañado el árbitro. «Estaban muy frustrados porque sabían que el resultado se les había escapado. En el descanso ya íbamos 4-1. Fue una de mis mejores noches».

Después de esa contundente victoria en el partido de vuelta de la Liga de Campeones el HSV volvió a la lucha doméstica y ganó al Fortuna Düsseldorf por 1-0, empató a dos a domicilio contra el Stuttgart, y ganó al Eintracht Braunschweig en casa por 2-0.

Quedaban tres partidos en total. Tenían que enfrentarse al Bayer 04, jugar la final de la Copa de Europa en el Santiago Bernabéu contra el Nottingham Forest y, en la última jornada liguera, enfrentarse al Schalke 04. En ese momento el Hamburgo SV de Zebec iba líder por diferencia de goles en la clasificación. Olía a doblete.

Perdió por 2-1 contra el Bayer Leverkusen. Perdió la final de la Copa de Europa por 1-0. Y, destrozado por haber dejado caer los dos trofeos, se recuperaron para ganar su último partido, pero todo en vano. Subcampeón en liga. Subcampeón en Europa. Zebec no acabaría la próxima temporada.

¿Él había provocado el fracaso del Hamburgo SV con entrenamientos demasiado agotadores? Brian Clough, el entrenador del Nottingham Forest, había llevado a sus jugadores a Mallorca unos días antes de la final en plan relajación antes de la gran batalla.

Los críticos en Alemania dijeron que Zebec había empujado a sus jugadores más allá del límite. Solían decir de él que cuando sus jugadores corrían en el entrenamiento le gustaba coger un puñado de grava del campo y arrojarla piedra a piedra con cada vuelta que daban.

Le preguntaron después de la final de la Copa de Europa que si el equipo faltó fuerza e intensidad en los últimos minutos. «Si usted piensa así creo que no ha estado en el mismo partido», replicó. Keegan le defiende hasta el día de hoy. «Los jugadores que supuestamente entrenó con demasiada dureza fueron los mismos que golearon al Real Madrid por 5-1 poco antes», dice.

Zebec defendió a Keegan después de aquella final. «Kevin ha hecho lo que ha podido. Quizá tampoco sus compañeros le han apoyado y entendido en la medida necesaria», dijo.

Zebec no solo fue cuestionado por sus métodos, circulaban otras historias de que iba perdiendo una batalla con una adicción al alcohol.

En un partido una semana antes de la vuelta contra el Real Madrid, el HSV jugó fuera en la casa del Borussia

Dortmund. Zebec estaba dormido en el banquillo y tuvieron que sustituirle en el descanso.

¿Conocían los jugadores sus problemas con la bebida? «Sí, todos lo sabíamos», dice Keegan. «Estaba con mi mujer conduciendo por el Hamburgo cuando le vi caminando con dificultad por la acera. Quise recogerlo en el coche, pero mi mujer Jean me dijo que le dejara encontrar el camino a casa».

«Aquel partido contra el Dortmund fue la primera vez que se presentó borracho. Hizo una gran charla de equipo, se fue a su habitación y, al parecer, se bebió todo lo que había en el minibar. Cuando llegamos al estadio no queríamos que se bajara del autobús porque queríamos protegerle, pero no podíamos razonar con él».

Fue un técnico tocado por demonios y por ángeles. Un alcohólico y, a la vez, un gran entrenador. Siguió luchando contra sus enemigos futbolísticos y sus fantasmas personales unos años más.

Se quedó medio año más en el HSV. Keegan dejó al club al final de la temporada 1979-80. Zebec duró 17 partidos más en la siguiente temporada. Le reemplazó su asistente Aleksandar Ristić en enero de 1981. Se fue al Borussia Dortmund y consiguió un sexto lugar en 1982, pero otra vez no duró mucho tiempo. Entrenó brevemente el Eintracht de Fráncfort y volvió al Dinamo de Zagreb, donde había empezado su carrera en los banquillos, pero dejó de trabajar en 1984 y en Zagreb murió en 1988 con solo 59 años.

«No me hablaba mucho en inglés», recuerda Keegan. «A veces era difícil entenderle cuando hablaba en alemán y siempre las palabrotas eran en yugoslavo. No era un entrenador muy cercano, pero sus métodos eran muy buenos y tenía un muy buen equipo trabajando con él. No le preocupaba la calidad de los jugadores que heredó cuando empezó en el HSV, solo su forma física y su mentalidad».

> «Nos quedamos a las puertas de hacer un doblete increíble. Pero cuando pierdes un título y una final de la Copa

de Europa en 10 días, es normal que sea decepcionante. Yo amaba a ese club, a la ciudad y a los aficionados».

Estos aficionados querían más éxitos. Habían llegado a la cima en Alemania y a la final de la Copa de Europa. Querían volver a dominar la Bundesliga y querían ganar su primera Copa de Europa. Ernst Happel iba a ser el hombre que entregara esas dos cosas.

Happel llegó con una buena reputación. En 1970, el Feyenoord se convirtió en el primer equipo de los Países Bajos en ganar la Copa de Europa y fue él quien les guio hacia la gloria. En 1978 llevó a los Países Bajos a la final del mundial donde perdió contra los anfitriones, Argentina.

Entre tiempo, y después de un breve paso por Sevilla, revolucionó el fútbol belga como entrenador del Club Brujas en los años 1975 a 1978. Ganó tres ligas en Bélgica y jugó dos finales europeas. En 1976 se convirtió en subcampeón de la Copa UEFA y en 1978 subcampeón de la Copa de Europa.

Hamburgo sabía lo que le esperaba. Alguien que iba a aportar un fútbol quizás más expansivo que el que habían visto con Zebec. Happel como jugador había brillado como un líbero en el Rapid Viena y ayudó a Austria conseguir el tercer puesto en el mundial de 1954. La idea que un jugador podría y debería ser capaz de salir de su posición para crear superioridad en otra parte del campo fue uno de los fundamentos definitorios de su filosofía.

En su primera temporada con el Hamburgo ganó la Bundesliga. El HSV marc*ó* 95 goles, 23 goles más que el segundo clasificado, el FC Köln. Sin Keegan, Hrubesch marcó 27 goles en liga. Lo único negativo de la temporada pasó en el último mes cuando perdieron la final de la Copa de la UEFA por un global de 4-0 contra el IFK Göteborg de Sven Goran Eriksson. Lo compensó con creces la temporada siguiente.

La temporada 1982-83 es la más grande en la historia del Hamburgo SV. Volvió a ganar la liga esta vez solo por diferencia de goles sobre el subcampeón, el Werder Bremen. A diferencia del equipo de Zebec en 1980, no falló en la recta final.

Ganó ocho de sus últimos 10 partidos, empatando los otros dos. Su antepenúltimo partido tuvo lugar en Atenas contra la Juventus, la gran final de la Copa de Europa. Con un gol de Felix Magath salió triunfante.

Ninguno de los dos equipos había ganado el trofeo antes. La Juve estaba llena de internacionales italianos que se habían coronado campeones del mundo un año antes. Tenía Paolo Rossi en la delantera y Dino Zoff en la portería. Claudio Gentile, Gaetano Scirea habían jugado aquella final en el Santiago Bernabéu también como Marco Tardelli, quien marcó el segundo gol en la victoria por 3-1 contra Alemania Federal. En total tenía siete jugadores de la selección italiana, más el astro francés Michel Platini y la estrella polaca Zbigniew Boniek. Eran los favoritos.

El Hamburgo SV tenía a Manfred Kaltz y a Hrubesch quienes también habían jugado la final del 82 en Alemania. Y tenía Happel, lleno de confianza y diciendo a los reporteros que no tenía la más mínima intención de hacer marcaje al hombre, al gran Platini.

Parecía que en la preparación tenía la ventaja el conjunto italiano. Había llegado a Grecia 24 horas antes que su rival. El Hamburgo había empatado contra el Kaiserslautern cuatro días antes; y su gran rival por el campeonato doméstico, el Werder Bremen, había reducido la ventaja del HSV en la Bundesliga a golaveraje.

Pero ni eso, ni el hecho de que la afición italiana superaba a los alemanes en número por tres a uno en el aforo de 80.000 personas, influyó lo suficiente. «Nunca temí por nuestro triunfo», dijo un calmado Happel después del partido. «Como conjunto fuimos muy superior a la Juventus».

Añadió: «No es que me hayan defraudado los italianos. Simplemente mis jugadores han jugado magníficamente bien. Han contragolpeado con peligro y han sabido maniatar perfectamente las acciones de hombres tan peligrosos como Boniek, Platini, Tardelli y Rossi. No ha sido un bluf de ellos, sino todo un gran partido de mi equipo. El Hamburgo es el merecido campeón de esta Copa de Europa».

Nadie podía discutir ese sentimiento. Happel se convirtió en el primer entrenador en ganar la Copa de Europa con dos equipos distintos. ¿Qué le quedaba para lograr? Perdió la Intercontinental a Gremio por 2-1 a mitad de la siguiente temporada: una temporada que pasaría a la historia como la de la Bundesliga más dramática y más emocionante, una temporada que dejaría al Hamburgo SV sin premio.

En el parón liguero de invierno, las señales eran preocupantes. Había caído en la Copa de Europa en la segunda ronda contra el Dinamo de Bucarest. En la Bundesliga una racha de dos años y medio sin perder en casa había terminado con una derrota por 2-0 ante el Stuttgart, el equipo que acabaría ganando la liga en la última jornada de la temporada.

Luego vino esa derrota contra el Gremio en la Intercontinental y hubo un diluvio de críticas. Había informes de malestar en la plantilla durante el tiempo que pasaron en Tokio preparando el partido contra los brasileños.

En declaraciones recogidas por *Der Spiegel* después del viaje, el capitán del equipo, Magath, dijo: «Parece que los jugadores nos matamos entre nosotros y luego apuñalamos al entrenador y al mánager». No era para tanto, pero tampoco reinaba la paz.

Los críticos veían un exceso de confianza y un exceso de partidos. El equipo tardó en volver a Alemania después de la derrota contra el Gremio. Tres días después, volaron a Kuala Lumpur y derrotaron por 4-1 a la selección nacional de Malasia. *Der Spiegel* les llamó los «Trotamundos de Hamburgo» con una agenda «más apretada que la Filarmónica de Berlín».

No había partidos de la Bundesliga hasta enero, pero sí otro trofeo en juego. Se enfrentó a Aberdeen en la Supercopa de Europa y perdió contra los escoceses, 2-0 en la vuelta en Pittodrie después de sacar solo un empate a cero en la ida.

Había reclamos de los jugadores al club sobre los fichajes del verano pasado. Dieter Schatzschneider marcó 12 goles, pero no pudo llenar el hueco dejado por Hrubesch. Wolfram Wuttke también decepcionó y juntos no podían compararse con la dupla Hrubesch y Keegan.

Magath desempeñó el papel de capitán y aseguró que nadie debía dar por perdido al Hamburgo. Y tenía razón. En la segunda mitad de la temporada luchaba para no dejar escapar ni al Stuttgart ni al Borussia Mönchengladbach.

El Hamburgo SV ganó 12 de los 17 partidos que quedaron. Ganó al Borussia Dortmund 7-2, al Fortuna Düsseldorf por 5-2, al Werder Bremen 4-0 y al FC Nürnberg por 6-1. Pero fue una temporada en que los goles no bastaron, el Bayern de Múnich fue el equipo más goleador y acabó cuarto en la clasificación.

Al comienzo de la última jornada, cuatro equipos aún tenían posibilidades de ganar la liga: el Bayern, el Borussia Mönchengladbach, el Hamburgo y el Stuttgart. El HSV empezó la última jornada a dos puntos del líder, el Stuttgart. Les ganó en ese último día de la temporada, un resultado que dejó a los dos equipos, más al Borussia Mönchengladbach, empatados con 48 puntos. Por golaveraje, el Stuttgart ganó la liga.

Tal vez se habían exagerado los rumores de crisis en torno al parón de invierno, pero el Hamburgo SV jamás volvió a alcanzar el nivel de la temporada 1982-83. Happel se quedó tres temporadas más en el club y en su última campaña ganó la Copa DFB-Pokal y acabó segundo en la Bundesliga. A mediados de los noventa el héroe de Atenas, Magath, volvió al club como entrenador, pero en dos años en el banquillo no pudo acabar con la sequía de trofeos.

En 2018, el Hamburgo con sus 110.000 socios bajó a Segunda por primera vez desde la inauguración de la Bundesliga. Había durado 55 años. Fue el último club que podía decir que nunca había sufrido un descenso.

En 2018 Hamburgo con sus 110.000 socios bajó a segunda por primera vez desde la inauguración de la Bundesliga. Había durado 55 años. Fue el último club que podía decir que nunca había sufrido un descenso. Vitrina con trofeos del club, en el museo del mismo. © HSV-Museum.

Empezó la temporada 2024-25 aún en el pozo intentando salir. Sigue siendo sexto en la liga histórica del fútbol alemán. Y como veremos en capítulo 16, sus aficionados siguen siendo de primera.

Eso a pesar de que no hay ningún genio como Zebec o Happel en el banquillo, ni un Keegan en el campo marcando los goles.

10.
El poder del pueblo

«Si quieres, eres libre de decir que Oke Göttlich es un gilipollas y que debería irse. Nadie, ya sea un inversor o simplemente un tipo del fanzine de hace 30 años, debería ser imposible de destituir de su cargo. Así que 50+1 es realmente importante desde la perspectiva alemana».

Oke Göttlich, oresidente de FC St. Pauli

«La nueva Liga de Campeones es la nueva Superliga "uno" y el nuevo Mundial de Clubes es la Superliga "dos". Así que fue una mascarada muy inteligente que tenían a todos los aficionados preocupados por una supuesta Superliga «tres» que potencialmente no llegará mientras ya tenían la Superliga "uno" y "dos" a punto de empezar».

Göttlich, sobre la Superliga

Justo antes del comienzo de la nueva temporada 2024-25 en Inglaterra el venerado cartonista del periódico *The Guardian* realizó una viñeta sobre el tema de la propiedad de los clubes.

Las viñetas de David Squires siempre tratan de deportes, normalmente fútbol, y suelen ser tan divertidas como agudas y perspicaces. Otra fracasada adquisición de un histórico club de la Premier le había inspirado. El intento de vender a uno de los clubes más tradicionales en Inglaterra, en este caso el Everton, había colapsado.

En la viñeta Squires lamentó el hecho de que el proceso de encontrar nuevos dueños es, para los aficionados del club, una lotería. Es decir, nunca saben qué tipo de dueño les va a tocar. Entonces, Squires propuso un juego relacionado con esa lotería. Tirar un dardo en su viñeta y según donde cae el dardo es quién será el nuevo dueño del club.

Su viñeta se dividió en casillas. El recuadro número uno se titulaba «estado autocrático»; el recuadro número dos «un banquero de inversiones estadounidense»; y otro recuadro, «un gurú de las estadísticas tipo "Moneyball" que se ha hecho rico con la industria del juego y las apuestas».

La lista era larga y abarcaba todo, desde «los dueños bienintencionados, pero incompetentes» hasta los «competentes, pero malintencionados». En el último recuadro, Squires puso como posibles dueños de un club de fútbol a «los fans». Luego, en una posdata decía: «Jaja. Esto no es la Bundesliga. ¡Tira otra vez!».

El fútbol alemán sigue siendo la envidia de casi toda Europa en cuanto a propiedad de clubes. Es verdad que en España el Real Madrid, el Barcelona, el Athletic club de Bilbao y el Osasuna siguen siendo propiedad de sus socios, pero en los demás clubes los fans no tienen el mismo control. Y en Inglaterra, Francia, Italia, Portugal y el resto de Europa, ¡olvídalo!

Si la Federación Alemana de Fútbol (DFB) decide, al principio de una temporada, que, en un club, los inversores de fuera tienen más poder que los propios aficionados, tal club no recibiría su licencia para competir. Antes del año 1998 los clubes operaban como el Madrid y el Barça, solamente los socios que pagaban sus cuotas votaban para elegir a su presidente. Un patrocinador podía susurrar al oído del presidente y decirle que su dinero debería darles ciertos derechos de influencia, pero solo los socios podían votar en las elecciones. Una nueva regla en 1998 abrió la puerta a que los inversores tengan votos, pero nunca tantos como los fans.

Los clubes pueden crear nuevas sociedades limitadas (SL) para llevar sus secciones de fútbol. Esas sociedades pueden ser propiedad de los inversores, siempre y cuando los socios tengan la mayoría de las acciones con derecho de voto, el 50 por ciento más un voto (50+1). Así el club seguirá siendo dirigido por los socios. Además, las adquisiciones mayoritarias son imposibles.

Como explica Bundesliga.com, en el Bayern de Múnich, por ejemplo, existe el siguiente desglose de accionistas: socios 75 por ciento, Adidas 8,3 por ciento, Allianz 8,3 por ciento y Audi 8,3 por ciento. Los inversores tienen acciones de derecho de voto, pero están en clara minoría, la autonomía sigue siendo de los fans al 75 por ciento.

En cambio, «Borussia Dortmund GmbH & Co. KGaA» que es la sociedad limitada (S.L.) que lleva el primer equipo masculino del Borussia Dortmund, el equipo B y los sub-19, cotiza en bolsa y es propiedad del 72 por ciento, de los que han comprado sus acciones en bolsa. Sin embargo, es la sociedad gestora que está encargada de la gestión del club y es propiedad de los socios al 100 por ciento.

El VfL Wolfsburgo y el Bayer 04 Leverkusen son las excepciones a la regla 50+1. La exención se concedió en 1998 a los clubes que eran propiedad de inversores que habían tenido intereses significativos y constantes en el club desde hac*ía más de 20 años.* El Bayer Leverkusen es conocido como *Werksklub* (c«lub de trabajo o de fábrica») porque el club fue fundado en 1904 por unos trabajadores de una fábrica de la empresa farmacéutica «Bayer». Mientras la ciudad de Wolfsburgo se creó en 1938 para albergar a los trabajadores de la fábrica de automóviles Volkswagen que acabaría produciendo el VW Escarabajo. Volkswagen siempre ha sido propietaria del club desde su fundación en 1945. Por eso, tanto el VfL Wolfsburgo como el Bayer 04 Leverkusen obtuvieron una dispensa especial.

En 2014, la DFB concedió una dispensa especial a otro club, el Hoffenheim. Otorgó al multimillonario del software Dietmar Hopp derechos de voto mayoritarios por haber invertido en Hoffenheim durante un periodo de 20 años. Sin embargo, fue impugnado y en 2023 Hopp devolvió su mayoría de votos al club matriz.

El quid de la regla 50+1 es lo que impide más que lo que permite. Evita que una sola persona se haga con el control de un club, siendo imposible eliminarla. Cuando entrevistamos a Oke Göttlich para el capítulo sobre St. Pauli le preguntamos cuáles eran sus prioridades, sus objetivos de aquí en adelante. En la primera parte de su respuesta, que habla de la Bundesliga, fue tajante. Definitivamente mantener la regla 50+1 como ejemplo de la forma en que la comunidad y los socios participan plenamente en el proceso de toma de decisiones. Y eso significa que, si quieres, eres libre de decir que Oke Göttlich es un gilipollas y que debería irse. Nadie, ya sea un inversor o simplemente un tipo del fanzine de hace 30 años, debería ser imposible de destituir de su cargo. Así que 50+1 es realmente importante desde la perspectiva alemana.

Lo que argumentan los que están en contra de la regla 50+1 es que sea un obstáculo para que los inversores pongan su dinero en el fútbol alemán, no van a querer dar dinero sin la posibilidad de tener influencia y la regla siempre va a limitar esa influencia. En 2023 los de la Liga de Fútbol Alemana (DFL) creían que habían encontrado una solución. Querían aceptar algo que ya había aceptado en su día el fútbol español.

En España en agosto de 2021 los clubes de las dos primeras divisiones de fútbol aprobaron un acuerdo con el fondo de inversión «CVC» por el cual recibieron 2.100 millones de euros. El dinero fue del fondo de inversión a una empresa creada por La Liga. Los clubes lo recibieron de esa empresa de La Liga en forma de préstamo reembolsable a tipos de interés muy bajos durante los próximos 40 años. A la pregunta: ¿Qué ganaba con ello el fondo de inversión? La respuesta es: el 9 por ciento de los beneficios, por venta de derechos televisivos, de los equipos de estas dos divisiones durante los próximos 50 años.

De los 42 clubes que votaron, el Real Madrid, el Barcelona, el Athletic Club de Bilbao y el Oviedo votaron «no» al acuerdo. Hubo un periodo de tres años en que los clubes que votaron «no» pudieran cambiar su opinión y acceder a la financiación; cosa que hizo el Oviedo, dejando a los otros tres fuera del acuerdo. Los clubes fueron obligados a gastar la gran parte del dinero que recibieron en la mejora de infraestructuras, la digitalización y la refinanciación de su deuda. Solo podían gastar 15 por ciento en jugadores. Lo que recibió cada club dependió de su tamaño. El Atlético de Madrid recibió 188 millones de euros. Hubo clubes en Segunda que solo recibieron 10 millones.

La Liga creía que con la inyección de inversión los equipos podrían mejorar su producto hasta el punto de que aumentaría sus ingresos por la venta de sus derechos televisivos y apenas notarían que el fondo de inversión les recortaba su porcentaje. El presidente de La Liga, Javier Tebas, proclamó en declaraciones recogidas por *El País*: «El acuerdo es histórico y excepcional. Ninguna liga de ningún deporte ha firmado algo igual».

Es verdad que La Liga había sido la primera. Pero quizá no iba a ser la última. CVC quería invertir en la Bundesliga. Si no se hubieran descolgado del proyecto el Real Madrid, el Barça y el Athletic, CVC iba a pagar 2.667,5 millones de euros al fútbol español. ¿Cuánto iba a pagar para la competición alemana?

En Alemania el acuerdo entre la DFL y CVC colapsó antes de que pudieran finalizar las cifras. Durante negociaciones se hablaba de alrededor de 1.000 millones de euros a cambio de un 8 por ciento de ingresos de derechos televisivos pagados a CVC durante los próximos 20 años. La mayor parte del dinero se destinaría a la digitalización de la Bundesliga, especialmente en la comercialización de la liga alemana en el extranjero. Pero la cosa no fue a más. Hans-Joachim Watzke, el presidente del consejo asesor de la DFL, además de consejero delegado del Borussia Dortmund, declaró en febrero de 2024 que: «Dados los acontecimientos actuales, ya no parece posible una continuación satisfactoria del proceso».

Por las protestas de los aficionados del fútbol alemán, bien armado con la norma 50+1, la liga tuvo que abandonar su proyecto, a pesar de que los clubes habían votado en favor de seguir adelante. Los aficionados habían deducido que como las ganancias de los inversores iban a depender de cu*á*nto sacara la liga por sus derechos internacionales de televisión, estos inversores iban a querer tener influencia sobre los horarios de los partidos. Que hubiera partidos cada día de la semana y a cada hora, al gusto de los telespectadores por todo el mundo, algo más aceptado como norma en España. Pero en Alemania el aficionado que va al estadio sigue teniendo la prioridad.

Además, la votación a favor no estuvo exenta de polémica. En diciembre de 2023, con voto secreto, 24 clubes de los 36 en la Bundesliga y Bundesliga 2 votaron a favor de permitir a la DFL negociar un acuerdo con CVC. Fue justo la mayoría de dos tercios necesaria. El hecho de que el voto fuera secreto significaba que los presidentes de los clubes podían votar como querían y no necesariamente como los socios de su club habían pedido. Hubo sospechas de que Martin Kind, el presidente del club de Segunda, El Hannover 96, había votado «sí» en contra de los deseos de los socios del club. El entonces presidente de Stuttgart, Claus Vogt, exigió una repetición transparente de la votación. Al enterarse de la noticia de que la DFL había abandonado su plan, el Stuttgart emitió un comunicado en relación celebrando una «decisión comprensible» que «nos vuelve a unir a todos los que amamos el fútbol».

Los aficionados del fútbol alemán habían creado un ambiente en que los inversores potenciales no se sentían cómodos. Se suspendía partidos por periodos largos cuando los aficionados tiraban pelotas de tenis al campo o monedas de chocolate. «De repente, ¡hay coches teledirigidos en el campo!», anunció *Bild* durante su informe en directo del partido entre el FC Köln y el Werder Bremen. Los aficionados del Köln lanzaron al campo tres coches de juguete teledirigidos en el minuto 54 del partido; los controlan desde la curva del Rhein-Energie-Stadion dificultando el trabajo de seguridad en su intento de atraparlos. Ante tan gloriosa desobediencia civil, muchos inversores potenciales se preguntaron: ¿Merece la pena? Y ¿cuánto tiempo va a tardar en llegar un acuerdo ante tanta protesta? Al principio había otras partes interesadas, pero poco a poco quedó CVC como la única opción, algo que también redujo el poder de negociación de la Bundesliga.

Los aficionados de Köln, como todos los fans de la Bundesliga, reclamaban un voto abierto. El hecho de que Watzke eventualmente, prefirió abandonar todo el proceso antes de dar paso a otra votación, esta vez en abierto, sugirió que sabía que esa segunda votación iría en su contra. La mayoría de los aficionados acogieron con satisfacción la noticia. La organización de aficionados llamada «Unsere Kurve» en una declaración de su presidente, Jost Peter, dijo: «Cada vez está más claro lo importante, competentes y fuertes que son los aficionados y los socios en los clubes. Ahora sabemos una vez más lo valiosa que es la regla 50+1 y la participación de los socios».

En los clubes había sentimientos encontrados. No cabe duda de que la idea de un acuerdo con CVC no era del gusto de muchos, pero existía una frustración por no encontrar otra manera de incrementar ingresos.

Göttlich dijo al programa de televisión alemana *Sportschau*: «No es el momento de señalar con el dedo a nadie, ni de aullidos de triunfo, sino de entablar un diálogo respetuoso, en el interés común de reforzar el fútbol en las competiciones nacionales sobre la base del 50+1. Para lograrlo, todos tenemos que movernos, de lo contrario no avanzaremos, sino que pronto nos encontraremos ante la ruina de una idea de competición más equilibrada».

Ahí está en la última frase el quid de la cuestión. Por mucho que un club como St. Pauli se oponga a un trato con un fondo de inversión que puede intentar dictaminar la política de fútbol alemán, sigue existiendo la necesidad de buscar «una competición más equilibrada». No puede ser sano que, antes del triunfo del Bayer 04 en 2024, el Bayern de Múnich llevara 11 ligas consecutivas.

Lo que no quieren Göttlich y tantos clubes que estaban en contra del acuerdo CVC es que la inversión se convierta en un tren desbocado que nadie pueda parar. «Queremos un deporte en igualdad de condiciones, justo y transparente, que no esté sobrecargado por intereses comerciales. No es que yo esté en contra de la monetización comercial, pero tiene que ser una competición justa y se ha perdido el foco por culpa de la gente que corre detrás del dinero a expensas de mantener el interés del deporte», comentó a los autores del libro.

Su argumento es que cuando los beneficios de los inversores se convierten en la prioridad absoluta hasta el punto de que la propia competición se vuelve aburrida y predecible, se pierde la esencia del deporte.

Añadió: «Lo que se está viendo ahora es que donde está el potencial económico es donde suele haber más probabilidades de éxito. Y hacer que el deporte sea predecible para que los inversores recuperen su dinero y se cumplan sus márgenes de beneficio es el objetivo de muchos países, de muchos clubes y de muchas federaciones, porque todos ellos también están relacionados con este flujo de dinero. Yo también estoy conectado desde que estoy en nómina. El hecho de no cobrar me había hecho mucho más independiente, quizá incluso más digno de confianza, ¡porque ahora también me pagan! (El cargo de presidente en St. Pauli no era asalariado antes de 2022). Pero esto es por lo que estoy luchando, que tenemos que deshacernos de esta obsesión por maximizar siempre la monetización del deporte. Y no soy tan ideológico en esto como muchos querrían que fuese. No estoy diciendo: "Oye, estoy en contra de toda participación comercial. Estoy en contra de todo patrocinio. Estoy en contra de todas las televisiones de pago". No, no lo digo. Soy realista. Hay que trabajar con estas organizaciones para intentar que cambien un poco de actitud. Y no sé si esto está ocurriendo o no. Pero es algo que estoy intentando hacer».

Göttlich había votado en contra de la propuesta, pero no tenía miedo a expresar una preocupación sobre la falta de un plan claro para el futuro.

Al final parecía que el Köln, el Freiburg, el Union Berlin, el Eintracht Braunschweig, el Düsseldorf, el Magdeburg, el Nürnberg y el Kaiserslautern también habían votado en contra de que el DFL negociara con CVC. El Bayern de Múnich, el Borussia Dortmund, el Eintracht Frankfurt, el RB Leipzig, el Bayer Leverkusen, el Borussia Mönchengladbach, el Werder Bremen, el VfL Bochum, el FCV Mainz 05, el Hoffenheim, el Wolfsburgo, el FC Heidenheim, el SV Darmstadt 98, el Hamburger SV, el Schalke 04, el FC Hansa Rostock, el Greuther Fürth, el FC Karlsruhe, el SC Paderborn y el Stuttgart habían votado a favor. El Osnabrück y el Augsburgo se abstuvieron, y de los cuatro clubes restantes el Hannover 96, el Kiel, el Elversberg y el Wiesbaden, se entiende que todos habían votado en favor.

El fútbol alemán estaba dividido en cómo hacerlo, pero unido en cuanto a aceptar la necesidad de buscar soluciones a largo plazo. Quieren crecer, quieren inversión, pero gracias al poder de los aficionados no la pueden buscar en cualquier lugar, o, de cualquier forma.

Los aficionados miran con lupa el comportamiento de sus clubes y esa vigilancia se extiende a la búsqueda de patrocinios. En mayo de 2024, el Borussia Dortmund consiguió un acuerdo que vale más que 20 millones de euros durante tres años con Rheinmetall, un fabricante de armas con sede en Düsseldorf.

Cuando anunciaron el acuerdo, justo antes de la final de la Liga de Campeones en la que el Borussia Dortmund se enfrentaba al Real Madrid, algunos aficionados prometieron no renovar sus abonos como protesta, otros señalaron la invasión rusa de Ucrania y la necesidad de empresas de armamento en una Europa inestable. Rheinmetall fabrica en la región metropolitana del Rin-Ruhr. En este sentido se puede considerar un motor de la economía local. También es verdad que Rheinmetall vendió armas a Rusia antes de la anexión de Crimea. Y según *Der Spiegel*, al principio de 2014 Alemania e Israel alcanzaron un acuerdo en que Alemania suplió a Israel 10.000 proyectiles de precisión para tanques. Rheinmetall fue el proveedor.

¿Habrá un momento en que el patrocinio de Rheinmetall esté considerado por la mayoría de socios de BVB inaceptable? Si llega ese momento, los aficionados podrían actuar. Los aficionados del Schalke 04 ayudaron a forzar un cambio en la política de su club respecto al patrocinio de Gazprom. Como siguen teniendo la última palabra en la forma de dirigir el club, los seguidores del Borussia podrían acogerse a la regla 50+1 y forzar un divorcio entre BVB y Rheinmetall.

Al Borussia Dortmund le abrieron otra avenida de financiación en 2021 cuando el Real Madrid anunció una Superliga europea. Sin embargo, el BVB la rechazó. El Bayern de Múnich hizo lo mismo. Y una vez más la regla 50+1 tuvo un papel muy importante.

El presidente del Real Madrid, Florentino Pérez, lanzó su nueva Superliga europea en abril de 2021. Dijo en el programa de televisión nocturno de fútbol *El Chiringuito*: «Esto lo hacemos para salvar el fútbol, que está en un momento crítico, a punto de arruinarse. La situación es dramática. Lleva tiempo perdiendo interés. Las audiencias y los derechos audiovisuales van bajando y algo hay que hacer. El fútbol está en caída libre. Si no hacemos algo, no durará mucho».

En los próximos tres años, el Madrid ganaría dos Copas de Europa, dos ligas españolas, y fichó a Jude Bellingham y Kylian Mbappé. Parece que Pérez exageraba mucho cuando describió este paisaje tan apocalíptico. Pero no exageraba solo él. Al menos al principio. El Manchester United, el Manchester City, el Liverpool, el Chelsea, el Arsenal, el Tottenham, la Juventus, el Inter, el Milan, el Barcelona y el Atlético de Madrid estaban en el mismo barco del Real Madrid. «Para el torneo, faltarían tres fijos más», añadió Pérez. Se entendía que estos tres equipos «extras» serían el Paris Saint-Germain, el Borussia Dortmund y el Bayern de Múnich. A la misma velocidad que los aficionados de los clubes ingleses empezaron a reaccionar con furia ante la propuesta, los dos gigantes del fútbol alemán salieron a distanciarse de los «fundadores» de la Superliga.

El director general del FC Bayern de Múnich, Karl-Heinz Rummenigge declaró al *Corriere della Sera*: «La Superliga podría perjudicar a todo el fútbol europeo. Y tenemos que evitarlo». El Dortmund compartió ese sentimiento, incluso cuando meses después, los únicos aspirantes a la ruptura todavía estaban dentro del proyecto; el Real Madrid y el Barcelona marcaron una pequeña victoria en los tribunales.

El Tribunal de Justicia de la Unión Europea dictaminó en diciembre de 2023 que, como las ligas nacionales y la explotación de los derechos que generan son «claramente, actividades económicas», la UEFA y la FIFA sí habían infringido la ley de competencia que se aplica a otras empresas. Según el fallo, habían abusado de su «posición dominante» cuando amenazaron a los clubes rupturistas con sanciones o expulsiones. Sin embargo, después de la sentencia, el director gerente del BVB, Hans-Joachim Watzke, reiteró el rechazo del Borussia Dortmund a la Superliga. «Independientemente de las discusiones en torno a la sentencia, en el Borussia Dortmund no estamos a favor de una Superliga», dijo.

La regla 50+1 contribuyó en gran medida a garantizar que los clubes alemanes decidieran no subirse al carro de la Superliga. Sus aficionados rechazaron la idea de una Superliga europea y como ya hemos establecido, son sus «fans» los que mandan. Y si en el improbable caso de que los socios del BVB y del Bayern estuvieran a favor, tendrían un problema con los demás aficionados de la Bundesliga. Los hinchas de los otros clubes no iban a estar en favor de un proyecto que, por ejemplo, no hubiera dejado al Bayer 04 entrar en La Liga de Campeones en el 2024 a pesar de que había salido campeón de la Bundesliga.

Göttlich no está tan seguro de que se haya conseguido alejar al lobo de la puerta. Nos comenta: «La nueva Liga de Campeones es la nueva Superliga "uno" y el nuevo Mundial de Clubes (que debe comenzar en 2025) es la Superliga «dos». Así que fue una mascarada muy inteligente que tenían a todos los aficionados preocupados por una supuesta Superliga «tres» que potencialmente no llegará mientras ya tenían la Superliga «uno» y «dos» a punto de empezar. Creo que es necesario reducir el calendario de partidos, porque estamos perdiendo de vista el deporte y es el deporte puro el que debe seguir siendo el centro de todo».

De acuerdo, la regla del 50+1 no podría detener el nuevo formato de la Liga de Campeones, pero sigue siendo un auténtico aguafiestas para cualquiera que quiera tener un carnaval de financiación del libre mercado sin preguntas. No es difícil ver cómo la regla puede disgustar a cierto tipo de inversor o propietario en el fútbol alemán. Alguien como Martin Kind, por ejemplo. Kind era el mayor inversor del Hannover de la Bundesliga 2 cuando, en 2017, solicitó la misma condición de exención para su club como la que tuvieron el Wolfsburgo y el Leverkusen. La petición fue rechazada porque la DFB no consideró que su inversión había sido ni de suficiente importancia, ni durante tanto tiempo sin interrupción. ¿Por qué luchar contra las exenciones? ¿Por qué no impugnar la regla en sí? Ya lo había intentado. En 2009 Kind intentó tumbar la norma 50+1; 32 de los 35 clubes profesionales votaron en contra de su propuesta.

En el mismo año de esa primera propuesta fracasada de Kind, otro actor del drama entró en escena; uno que haría aún más complicada la trama. En 2009 la empresa austriaca de bebidas energéticas, Red Bull, compró los derechos del equipo de Quinta División Markranstädt y el club se convirtió en el RB Leipzig. Quizá a expensas de otros equipos de la región como el Lokomotive Leipzig y el Chemie Leipzig, el RB Leipzig fue escalando divisiones hasta proclamarse subcampeón de la Bundesliga en 2016-17 y clasificarse para la Liga de Campeones.

Hubo otros inversores que impugnaron porque sus clubes no estaban exentos de la norma. Hasan Ismaik es un multimillonario jordano que había intentado hacerse con el control total del 1860 Múnich, de la Tercera División, y quería impugnar la norma. A Ismaik no le gustó que cuando tenía el 60 por ciento de las acciones del club, no podía tener más que 49 por ciento de los derechos de voto.

Los aficionados han tenido que defender su idea año tras año. En 2018 hubo una campaña nacional de aficionados llamada «¡50+1 se queda!» (*50+1 bleibt*! en alemán). Logró que la DFL se comprometiera con la regla 50+1. Pero la misma DFL pidió a la agencia reguladora de la competencia en Alemania (la Bundeskartellamt) que abordara la cuestión de si el deporte debía estar sujeto a las mismas normas de competencia que las empresas.

Del mismo modo que el Real Madrid y el Barcelona han intentado derrotar a la UEFA y a la FIFA en relación a la Superliga utilizando el argumento de que las trabas que ponen están en contra de las normas de competencia leal, así han jugado la carta de la anticompetencia los que están en contra de 50+1 en Alemania. Su argumento es que el deporte es un negocio, por lo que deberían aplicársele las normas habituales.

Pero en 2021 la «Bundeskartellamt» concluyó varios puntos: que era cierto que, en principio, el fútbol tenía que atenerse a las mismas reglas que las empresas; y era cierto que limitando la participación en la liga a clubes que cumplen la regla 50+1 era una forma de restringir la competencia. Sin embargo, concluyó que, en el contexto del deporte, y de lo que pretendía la DFL con tal regla, esta restricción «no era problemática». Y que lo que sí era problemático son las exenciones.

La DFL respondió elaborando una lista de restricciones adicionales a las prácticas de los clubes exentos. La intención es que estos clubes operen en igualdad de condiciones que los clubes adheridos a la norma 50+1. También concluyó que no permitiría más exenciones a los clubes. En 2023 el presidente de la reguladora, Andreas Mundt, dictaminó que: «Sigue siendo cierto que las normas de la legislación antimonopolio se aplican al deporte profesional y, en concreto, a las asociaciones deportivas». Dijo que la limitación de la participación en la liga a los clubes con cierto carácter —en este caso los que adhieren a 50+1— también sigue representando una restricción. Pero añadió que fuera una restricción que requería «legitimación en términos de política deportiva». Y parecía contento con la legitimación ofrecida por la liga alemana porque declaró: «Los compromisos ofrecidos por la DFL parecen adecuados para disipar nuestras preocupaciones preliminares en materia de defensa de la competencia».

El veredicto del regulador de competiciones ni siquiera menciona al RB Leipzig. Su explicación es que la DFB les pidió que evaluaran la legitimidad de la regla 50+1. El RB Leipzig es un asunto de la liga y no del regulador de competiciones, porque la misma liga alemana ha dicho que sí cumple la regla.

El primer equipo de fútbol del RB Leipzig pertenece en un 99 por ciento a Red Bull S.L. y solo un 1 por ciento a los socios del club. Sin embargo, en términos de derechos de voto, el club sí cumple con la regla 50+1. No cabe duda de que la gestión del club está mayoritariamente en manos de los socios. Sin embargo, como el club fue fundado hace relativamente poco por Red Bull S.L., solo hay un pequeño grupo de socios y todos están vinculados a Red Bull.

Es indiscutible que, por ejemplo, tanto el Bayern de Múnich como el RB Leipzig se adhieren a la regla 50+1, que garantiza que los socios del club tengan la voz mayoritaria. Pero en el caso del Bayern eso significa que se escuchan las voces de unas 300.000 personas, mientras que en el Leipzig solo se escuchan las voces de unas 20 personas, todas ellas vinculadas al inversor al que la regla 50+1 pretende impedir que tenga la palabra mayoritaria. Cuando el fundador es el inversor mayoritario se complica todo.

Permitir que una gran empresa comprara su entrada en el fútbol alemán de la forma en que lo hizo Red Bull siempre iba a ser problemática en términos del 50+1, y será interesante ver cómo se enfrenta la DFL a cualquier intento similar en el futuro. Y no será la única pregunta difícil que el fútbol alemán tenga que preguntarse en el futuro próximo. Esta declaración de la reguladora de 2023 parecía el final de una larga revisión de la viabilidad de la norma. Pero es *naïf* creer que algunos actores no van a seguir discutiendo e impugnando la regla, o las exenciones, o las dos cosas.

Por el momento, al menos, y como fue el lema de los aficionados protestando en su favor: la regla se queda, o sea *«50+1 bleibt!»*. El poder en el fútbol alemán sigue en manos del pueblo.

11.
Fútbol tras el muro de Berlín

A Uwe Rösler le gustan las motos, y de joven le encantaban las Harley-Davidson.

Era un delantero centro energético, explosivo, que no dejó en paz nunca a ningún defensa y con quien los aficionados de cada club en que jugaba se enamoraron. Se hizo más famoso con el Manchester City en Inglaterra. Está orgulloso de formar parte de la historia del club inglés, pero empezó su carrera con el FC Lokomotive Leipzig, y más tarde jugó en el Dinamo Dresden y en el FC Nürnberg. No hay nadie mejor que él para contar cómo era jugar en la antigua Alemania del Este antes y después de la caída del muro. Rösler cuenta cómo La Stasi le puso en una situación imposible con sus compañeros, y cómo se salvó gracias al consejo de su padre y el apoyo de su entrenador.

«Cada vez que fuimos al extranjero con las selecciones juveniles sabíamos que había personas dentro y alrededor del grupo que viajaban con nosotros y que estaban ahí para controlar el grupo», dice a los autores de este libro. «Ellos tenían que asegurarse de que no pasara nada. El Gobierno invirtió tanto tiempo y dinero en sus jóvenes deportistas que lo último que querían era que abandonaran el país. Todos sabíamos que siempre estábamos siendo observados».

«Fuimos de viaje a Suecia y lo recuerdo como si fuera ayer. Nunca había visto un país con tantas casas de colores; una casa roja, una amarilla, una azul, una blanca. En el Este, en Leipzig, todo era gris. Me sorprendieron los colores. Y era verano así que también había flores y yo era como Peter Pan en el país de las maravillas. Era increíble».

«Allí teníamos nuestro campo de entrenamiento y el presidente local nos invitó a una barbacoa. Había una Harley-Davidson allí. Y en ese momento tenía una moto en mi casa en el Este. Mostré algo de interés y caminé alrededor de la moto mientras todos los demás comían. Y el dueño de la moto me dijo: "¿Quieres llevarla a dar una vuelta?". Y dije: "Oh, sí. ¿Puedo?". Él dijo que sí, que no había ningún problema. Entonces, sin tener ninguna intención de hacer nada malo, di una vuelta durante 10 minutos y regresé. Hubo el mayor alboroto que se puede imaginar. La gente pensaba que me había ido del país; que había huido. Solo había dado una vuelta por un pequeño pueblo y regresado inmediatamente. No sé qué pusieron en mi expediente en el Ministerio. Ese fue mi primer incidente. Fue una gran llamada de atención. ¿Qué diablos estaba pensando?».

Las acciones tienen consecuencias y quizás por su viaje en moto le pasó lo siguiente. Esa parte de la historia Uwe no cuenta con el mismo tono ni la misma sonrisa. «En Alemania del Este había un sistema de selección», dice. «Y a mí me eligieron cuando tenía 11 años y me llevaron lejos de mis padres, a un lugar donde vivía, dormía, estudiaba y jugaba al fútbol 24 horas al día, 7 días a la semana. Todo estaba controlado y gestionado por el gobierno».

Era una escuela de élite. Mis padres no tuvieron que pagar y ellos y yo estábamos muy orgullosos de que estuviera en esa escuela. En un radio de 100 kilómetros del distrito donde yo vivía nadie había logrado eso nunca, así que era todo un privilegio. Pero para mantener ese privilegio, permanecer ahí, desde los 11, 12 y 13 años en adelante, existía una presión enorme porque cada año dos o tres jugadores tenían que irse y dos o tres jugadores tenían que entrar. Todo el sistema se basaba en esa presión desde arriba para que todos rindieran al máximo.

Cuando tenía 18 años me incorporé a la plantilla del primer equipo del Locomotive Leipzig. Acababa de firmar mi primer contrato profesional. En mayo de ese año el club había jugado la final de la Recopa contra el Ajax que perdieron 1-0, eso demuestra que era un club de fútbol importante en ese momento. Estaba muy bien dirigido desde abajo hasta arriba. Me uní a las sesiones de entrenamiento dos semanas después de dicha final.

Yo era joven, pero estaba empezando a acercarme a la cima después de todos los años de duro trabajo. Podía ver cada vez más cerca mi sueño de jugar en el primer equipo al más alto nivel. Y un día recibí una llamada telefónica. Se suponía que ese día debía terminar mi lección escolar e ir a entrenar, pero me dijeron que alguien vendría a recogerme.

No tenía ni idea de lo que estaba a punto de pasar. Alguien me metió en un coche y condujo 10 minutos por Leipzig y luego cambiamos el coche por otro y condujimos otros diez minutos hasta llegar a un garaje subterráneo. Tomamos el ascensor hasta una oficina y dos tipos estaban sentados allí y comenzaron a entrevistarme. Al principio intentaron ser muy amables. Yo estaba pensando que tal vez mi padre, que vivía en un pequeño pueblo, había tomado una copa de más y había dicho algo que no debería. Pensé: «¡Dios mío, qué está pasando aquí!». Pero no. Cuanto más se prolongaba la conversación, quedaba claro que iba en otra dirección. Querían que espiara a mis compañeros del primer equipo. Me amenazaron diciendo que tenían mi carrera en sus manos. Si no estaba dispuesto a cooperar, sería bastante fácil enviarme al ejército durante tres años sin jugar al fútbol. Mi carrera básicamente estaría terminada.

Como jugador joven, lo único que quieres hacer es jugar al fútbol, dormir, aprender y volver a jugar al fútbol. Y luego te acercas tanto a tu sueño y te ponen bajo ese tipo de presión, era una situación increíblemente difícil mentalmente. No me permitieron hablar con nadie, pero se lo conté a mis padres, y mi padre me dio el único consejo que debería haberme dado: que la única manera de salir de esto era acudir directamente al entrenador del equipo al que acababa de incorporarme, Hans-Ulrich Thomale. Fui a verlo y le conté lo que había pasado y él me resolvió todos los problemas. Nunca oí nada más al respecto. Después de eso, vi bastante a esas dos personas en la grada. Pero tuve mucha suerte de salir de esa situación sin que tuviera ninguna consecuencia en mi carrera. Toda esa experiencia, no se la deseo a nadie. Me enseñó que hay que compartir cosas, pero solo puedes compartirlas con las personas adecuadas. Tuve mucha suerte de poder hablar con mi padre y con mi entrenador. Estoy muy agradecido a Hans-Ulrich Thomale y a mi padre por los consejos que me dieron. Me solucionaron el problema. En los años posteriores a la unificación, se hizo público cuántos jugadores fueron puestos exactamente en la misma situación y no hicieron lo que hice yo. Fui muy afortunado. No quería tener nada que ver con eso. Mi único deseo en ese momento era jugar al fútbol y desarrollar mi talento lo mejor que podía. Ese era mi único deseo y gracias a Dios tuve la oportunidad de hacerlo.

Uwe nunca sabrá hasta qué punto su aventura en Suecia, al estilo de Peter Fonda en *Easy Rider*, influyó en la decisión de la Stasi de intentar convertirlo en su espía. No era de extrañar que cuando cogió la moto para dar una vuelta la Stasi sospechara que había huido del país porque varios futbolistas lo habían intentado.

Lutz Eigendorf huyó de la República Democrática de Alemania (RDA), donde era jugador internacional del Dinamo de Berlín, el 20 de marzo de 1979. Eigendorf huyó cuando su equipo hacía escala en Giessen de regreso de un partido amistoso en el campo del FC Kaiserslautern. Cuatro años más tarde, el 5 de marzo de 1983, murió en un accidente de tráfico bajo los efectos del alcohol. Según el medio alemán NDR: «Los expertos creyeron que fue un asesinato de la Stasi». Surgió la teoría de que lo eligieron para dar un ejemplo porque no procedía de un club cualquiera, sino del Dinamo de Berlín, el club considerado más cercano al régimen. Además, NDR aseguró que el jugador, que inicialmente jugó en el Kaiserslautern y antes fue al Eintracht Braunschweig, había irritado al régimen con entrevistas críticas contra ellos.

Sea como sea la verdad sobre su muerte, es evidente que las autoridades no solo se sintieron avergonzadas por el hecho de que Eigendorf desertara al Occidente, sino de que se fuera del club más favorecido y más corrupto del régimen de la RDA.

La razón por la que muchos creen que Eigendorf fue asesinado se debe a la maldad perpetrada por un hombre conocido como «El Maestro del Miedo», Erich Mielke.

Mielke era el hincha número uno del Dinamo de Berlín y, además, era su presidente. Buena suerte para el Dinamo, horror para todos los demás clubes, todos los demás entrenadores, todos los árbitros y todos los jugadores de otros equipos.

Tras la reunificación alemana en 1990, Mielke fue procesado, condenado y encarcelado por su participación en el asesinato de dos policías en 1931. Un segundo juicio por los 260 asesinatos de desertores en la frontera interior de Alemania fue aplazado después de que se declarara a Mielke mentalmente incapacitado para ser juzgado. Mielke también fue acusado, pero nunca juzgado, de ordenar dos ataques terroristas en 1981 por parte del Grupo Baader-Meinhof contra personal militar de los Estados Unidos en Alemania Occidental.

«Era un secreto a voces que el Dinamo Berlín era el proyecto principal de Erich Mielke, el jefe de la Stasi, y que protegía el club», recordó Ralf Minge, exdelantero del Dinamo Dresden, al documental *STASI FC* (Sky TV). «Significó que se convirtió en el rival número 1 de todos los demás equipos. Cuando jugabas contra ellos, querías ganar».

El Berliner FC Dinamo fue considerado el club del «Stasi» porque su presidente era también jefe de la policía secreta del régimen. Plantilla del club en 1979. (c) Bundesarchiv, Bild 183-U0529-0306 / Mittelstädt, Rainer / CC-BY-SA 3.0.

Desde los años 60 hasta la caída del muro de Berlín, Mielke decidió que no solo quería que el Dinamo de Berlín dominara sin piedad, sino que quería dedicar fondos importantes del partido político a garantizar que esto sucediera. Aplicó las tácticas de intimidación y de amenaza que Rösler sufrió. Mielke daba a sus matones el permiso de hacer a la gente «una oferta que no pudieran rechazar». Cuando se vive con miedo, decir «sí» a la intimidación es más fácil.

Los primeros en sufrir estas amenazas fueron los futbolistas prometedores de los clubes más pequeños. «Si había un jugador que Mielke quería, al chico le decían: "Después del verano jugarás en el Dinamo, y si no lo haces, se acabará tu carrera", dice Falko Götz, que jugó en el Dinamo desde 1971 hasta 1983. No importaba lo que dijera tu contrato».

Riediger, del Dynamo Berlin, disputando el balón contra Holger Hieronymus, del Hamburgo SV, septiembre de 1982. (c) Wikimedia.

Los árbitros también recibieron instrucciones claras sobre las consecuencias de no favorecer al Dinamo de Berlín en casi todas las decisiones. «Para ser sincero, a veces me daba vergüenza lo que pasaba en el campo», dijo Götz a Sky TV. «Nadie quería ganar de esa manera».

No se puede negar que el club de Mielke trabajaba bien cuando no había ni corrupción, ni acoso, ni engaños. Estaba decidido a ser el mejor de Alemania del Este por su rendimiento, su reputación y su preparación; y por medios corruptos e ilegales si era necesario.

«El Dinamo tenía un equipo de primer nivel», afirmó Minge a Sky TV. Las academias juveniles de donde sacaba la mayoría de sus jugadores eran más avanzados que las del oeste. Afirmó Götz: «El escaso reconocimiento internacional que Alemania del Este obtenía se debía al deporte. Por eso, cuando se trataba de entrenar a los jóvenes deportistas, se esforzaban al máximo».

Los futbolistas de estas academias de Alemania del Este jugaban igual de bien con la pierna derecha como la izquierda, y eran tácticamente inteligentes y atléticos. «Nuestro entrenamiento era bastante completo: una vez a la semana hacíamos gimnasia durante una hora y todos sabían hacer el pino en las barras paralelas», dice Minge. Después de la reunificación alemana, cuando él empezó a conocer a los jugadores de Alemania Occidental, se sorprendió al descubrir que «algunos de ellos ni siquiera sabían hacer dominadas».

A pesar del nivel de formación de los jugadores, Mielke nunca vio el reconocimiento internacional para el fútbol nacional que había corrompido tan despiadadamente para alcanzar a sus objetivos. La RDA no podía competir cuando se trataba de jugar contra el Occidente.

Götz explicó al *STASI FC* en Sky TV: «Tenía compañeros de equipo que habían jugado 50 partidos internacionales con la RDA cuando tenían 23 años, pero solo habían sumado ocho partidos de la Copa de Europa, porque nunca pasamos de la primera ronda. Ganamos títulos nacionales, pero a nivel internacional éramos una catástrofe absoluta».

Los futbolistas de la RDA se daban cuenta de que estaban irremediablemente a la deriva cuando se encontraron con sus homólogos occidentales, pero esa realidad no cambió para nada la todopoderosa maldad de la policía secreta de Mielke y su manera de imponer su dominio.

El miedo de la Stasi lo sentían todos, hasta los niños de los colegios de la RDA. Silvio Titzmann es aficionado del Union Berlín, tenía 14 años cuando cayó el muro. «Recuerdo que si un político iba a visitar mi escuela los profesores pasaban por las aulas un día antes para asegurarse de que no hubiera nada que iba a provocar sospechas», dice a los autores de este libro. «Me acuerdo de que un profesor vio una pegatina del personaje animado de Walt Disney Goofy y me dijo: "Quítalo antes de mañana"».

Silvio recuerda la historia de Lutz Eigendorf: «Por un lado la Stasi decía que no tenía nada que ver, y, por otro lado, usaba el caso como un ejemplo de lo que podría pasar si alguien se escapara. Era como decir: "No fuimos nosotros, pero mira de lo que somos capaces"».

Silvio tiene un familiar que huyó a Dortmund. Después de la reunificación de Alemania le visitó y fueron al Westfalenstadion del Borussia Dortmund. También vio unos partidos del Hertha BSC, pero nunca encontró nada que le hiciera sentir como en el estadio Alte Försterei. «Era la forma en que la gente gritaba en ese estadio pequeño; el club compaginaba muchas cosas que me gustaban», dice. «Union es del Este y yo soy del Este».

Antes de la caída del muro él seguía el fútbol de la Uber Liga donde el Union jugaba (cuando no era en Segunda luchando para ascender). «Los partidos de la Uber Liga empezaban media hora antes de la Bundesliga así que podíamos ver el fútbol del Este y luego la segunda parte de los partidos de la Bundesliga. La Uber Liga tenía menos calidad y solo 14 equipos».

Por la calidad superior del fútbol en Alemania Occidental la gente hacía grandes esfuerzos para verlo. «Viviendo cerca de la frontera, yo podía verlo con una antena normal. Sin embargo, cuanto más lejos estuviera de la frontera, más alta tenía que ser la antena. Para la gente que vivía cerca de la frontera con Checoslovaquia, por ejemplo, era casi imposible ver fútbol del Oeste. Había pueblos donde nunca habían visto partidos de la Bundesliga».

Silvio recuerda la noche en que anunciaron por la televisión que las personas podían ir al Oeste directamente sin tener que ir por Hungría o por Checoslovaquia. «Había mucha euforia», recuerda. «Más tarde llegaría la nostalgia por lo que ahora no existe. La tasa de desempleo por ejemplo pasó de 0 a 100 en muy poco tiempo. El paro no existía en la RDA. Todo el mundo tenía un trabajo y un sueldo. Incluso la gente que casi no iba al trabajo, oficialmente "tenían" un trabajo. Las empresas contrataban gente por encima de sus necesidades. Había muchas empresas que tenían que recortar sus plantillas para competir con las empresas del Oeste en el nuevo mundo. Mi madre trabajaba de informática, pero como el Oeste era tecnológicamente más avanzado, todo su conocimiento quedó inválido de un día a otro».

Era un cambio social brutal y los clubes de la RDA sufrían como las empresas. Sus mejores jugadores fueron a la Bundesliga. Silvio dice: «Como no existía el mercado libre en la RDA no había traspasos. Muchas veces cuando un jugador cambiaba de club era porque era muy bueno y las autoridades querían que jugara en los equipos más cercanos del régimen. Los Dinamos eran los clubes de la policía. El Dinamo Dresden de la policía normal y el Dinamo de Berlín —formado por Mielke, de la Stasi—. El Dinamo de Berlín ganó 10 ligas seguidas de 1979 a 1988».

Después de la reunificación no había ventajas para ningún equipo del Este. Todos sufrieron por la fuga de talento. Había menos estrellas en el campo y más violencia en la grada. La policía estatal del Este, que antes controlaban los estadios desaparecía. Como había más libertad en el buen sentido de la palabra, también había más libertad de portarse mal sin miedo a las repercusiones de antes.

Con un panorama tan deprimido, ¿había curiosidad por ver los estadios del Oeste? «¡Había curiosidad para ver todo!», comenta Silvio. «Mucha gente vivía del campo en el Este y comía verduras de la tierra y productos hechos en el pueblo. Había salchichas caseras, pero aun así cuando cayó el muro había curiosidad de probar salchichas en plástico del supermercado. Y sí, la gente tenía curiosidad para ir a los estadios del Occidente. Mucha gente en la RDA ya tenía su equipo del Oeste. Me acuerdo de un fanático del Bayern en nuestro pueblo».

El Hertha, el equipo del Berlín Occidental, jugaba delante de 3.000 personas en el enorme Estadio Olímpico antes de la reunificación. Después de la reunificación había mucha más gente en su campo. Según Silvio, el Dinamo de Berlín sigue siendo el rival más odiado del Union. En cuanto a la relación con los otros clubes, hay enemistad entre el Union y el Leipzig y una falta de hermandad con el Hertha BSC. Cuando el Hertha jugó contra Leipzig un partido para conmemorar el 30 aniversario de la caída del muro, fue después de que rechazara la invitación el Union. «Pusieron un tipo de pequeño muro y lo derribaron en el campo, fue muy cursi», dice Silvio.

Existe la ironía de que el Hertha BSC ha querido ser el «club de la ciudad de Berlín» y el Union, por sus sentimientos del Este, siempre ha rechazado esa idea. Pero en los últimos años, con el Hertha BSC en Segunda y el Union en la Liga de Campeones durante una temporada, ha sido el Union el verdadero representante de la capital más allá de las fronteras de Alemania.

Después de la reunificación, como los dueños de los clubes del Este no sabían manejar el nuevo sistema, perdieron a sus jugadores gratis por el hecho de que no tenían contratos profesionales en la RDA. El Union, que había sufrido en los años anteriores de la caída del muro por no ser un club del régimen, tenía dificultades por no tener los recursos financieros para competir contra los equipos del Oeste. En 1993 ganaron el *play-off* de ascenso, pero tenía que permanecer en Tercera por no tener el aval bancario necesario.

Un joven talento que el Union perdió fue Robert Huth. El central, que más tarde llegaría a jugar con la selección alemana, fue a Londres con 16 años, después de jugar dos años en las categorías inferiores del Union. Huth ganó dos ligas inglesas con el Chelsea y una con el Leicester. Nació unos cinco años antes de que cayera el muro. «Nací con el muro todavía en pie», dice. «Justo antes de que yo naciera, mi padre fue a la cárcel porque le espiaron y le pillaron criticando al régimen. Había una autoridad a la que no se desafiaba».

Él describe la situación justo después de la reunificación. «Yo jugaba al fútbol sobre grava porque, después del muro, todo el dinero invertido en infraestructura se gastó en la zona Oeste de Berlín. A veces nos dejaban entrenar en la hierba, pero cuando estaba demasiado embarrada, lo que ocurría a menudo en los meses de invierno, teníamos que entrenar en la grava; todavía tengo las cicatrices».

Huth ahora forma parte de la historia de una extensa diáspora de jugadores nacidos en el Este, que se hicieron famosos en el Oeste y en todo el mundo. Toni Kroos fue el último jugador nacido en la RDA, antes de la reunificación de Alemania, en jugar para la Mannschaft.

Se retiró en 2024 como uno de los mejores jugadores de la historia del fútbol. Nació en Greifswald en 1990 y jugó cuatro años en el Hansa Rostock —el último campeón de la RDA antes de la reunificación—. De ahí le ficharon en el Bayern de Múnich. Matthias Sammer fue el primer jugador del Este en jugar con la selección reunificada, Kroos el último, y entre los dos, jugadores como Michael Ballack, Ulf Kirsten, Thomas Doll y Jens Jeremies dejaron su impronta en la selección.

Uwe Rösler nunca llegó. Quizás hubiera sido distinto si hubiera dejado su club, el Dinamo Dresden, antes. A partir de 1990 podría haber buscado su fortuna fuera, pero por lealtad, esperó hasta 1994 cuando se fue a Inglaterra para jugar con el Manchester City. No se arrepiente de nada.

> «No era un jugador que ganara muchos títulos, pero cuando la gente me pregunta cuál fue mi mejor logro, puedo decir que quería jugar al más alto nivel y lo hice en Alemania del Este; que quería jugar para mi país en ese momento y lo hice; y que desde muy joven quería jugar en la Premier League y lo hice con el Manchester City».

Mirando hacia atrás a su educación, dice: «Sin el programa escolar de élite, nunca habría tenido una carrera como futbolista y entrenador. Y tengo que decir que este sistema escolar de élite estaba años adelantado a su tiempo. Recibí una educación escolar de primer nivel, entrenamientos extra, entrenadores de atletismo, entrenadores técnicos. Se trataba de maximizar el tiempo para mejorar a los jugadores. Estaba años por delante de cualquier otra cosa en ese momento. Teníamos futbolistas muy bien formados y eso se notó años después de la unificación porque muchos de ellos entraron en la selección alemana».

Pero quiere aclarar una cosa: «Cuando hablo del sistema, me refiero al sistema de escuelas de élite que me dio la oportunidad de desarrollarme en un entorno de alto rendimiento, no al sistema político».

Comenta que aún recuerda que estaba con la selección de la RDA justo cuando el muro estaba a punto de caer. Estaba en el campo de entrenamiento con la selección nacional en Leipzig, era su primera vez y el equipo perdió 3-0 contra Austria por todo lo que estaba pasando a su alrededor.

Hubo una serie de protestas contra el Gobierno de la RDA que tuvieron lugar en ciudades de todo el país. Recuerda: «Estábamos en el campo de entrenamiento en Leipzig y los funcionarios estatales dijeron a los jugadores de la selección: "Díganles a sus familiares que no salgan a la calle esta noche. Díganles a sus amigos que no salgan a la calle esta noche". Había muchos jugadores de Leipzig, Markkleeberg y Trebsen, de donde venía toda la gente para las manifestaciones de cada lunes por la noche. El funcionario decía: "Vamos a entrar esta noche, vamos a entrar esta noche". ¡Buah! Fue una gran presión decirles a nuestros familiares que no se unieran a las manifestaciones. Tenían un círculo alrededor de Leipzig y era incierto si el ejército entraría y detendría la protesta de una vez por todas. Gracias a Dios no lo hicieron. Era una situación muy peligrosa, que ponía en peligro la vida de mucha gente. Al final, fue una manifestación pacífica y estábamos muy felices. Hace poco vi un informe sobre Mijaíl Gorbachov y no se puede destacar suficientemente la contribución de este hombre y cómo apoyaba a la revolución pacífica».

En el mundo del fútbol también cayó el muro. Rösler era un joven talentoso que había jugado en la selección nacional y, como uno de los máximos goleadores de la liga nacional, ya estaba en el radar de muchos clubes.

«No estábamos en absoluto preparados para lo que vendría después», dice sobre los agentes, que prácticamente se instalaron en el hotel de la selección nacional para intentar fichar a las nuevas estrellas disponibles.

«Se rumoreaba que el entrenador del Bayer Leverkusen estaba en Viena cuando jugamos un partido ahí y estaba sentado junto a los suplentes intercambiando números de teléfono», cuenta Rösler. «En cuanto a los contratos, oficialmente no éramos profesionales, por lo que no había ningún problema en ir a otros clubes sin ninguna compensación. Fueron tiempos salvajes, emocionantes y locos. Había que aprender muy rápido para sobrevivir. Tuve mucha suerte de ser lo suficientemente joven como para experimentar una nueva vida».

12.
Mister Múnich

Da una idea de la grandiosidad de la vida de Uli Hoeness, que el hecho de sobrevivir un accidente aéreo, quizás, no es el episodio más extraordinario de ella.

En su camino de ser el hijo del carnicero, a ser el padrino del Bayern de Múnich moderno, Uli Hoeness ha pasado por la gloria de ganar un mundial, y de marcar dos goles en una final de la Copa de Europa, a la tristeza de retirarse joven por una lesión. Ha experimentado el orgullo de llegar a ser presidente del club de su vida y la indignidad de tener que dejar el cargo por ir a la cárcel, y ha mostrado la resiliencia de volver al puesto al salir de prisión. © Shutterstock.

En su camino de ser el hijo del carnicero a ser el padrino del Bayern de Múnich moderno, él ha pasado por la gloria de ganar un mundial, y de marcar dos goles en una final de la Copa de Europa, a la tristeza de retirarse joven por una lesión. Ha experimentado el orgullo de llegar a ser presidente del club de su vida y la indignidad de tener que dejar el cargo por ir a la cárcel, y ha mostrado la resiliencia de volver al puesto al salir de prisión.

Fue el 17 de febrero de 1982, cuando el avión, en el que Hoeness y sus tres amigos iban a un partido internacional entre Alemania y Portugal, se estrelló en Heitlingen. Uli quería ir al partido en Hanover con su amigo, el editor Helmut Simmler. Helmut murió con el piloto Wolfgang Junginger, amigo de los dos, y el copiloto Thomas Kupfer. Hoeness, que tenía 30 años, se quedó dormido en el asiento del fondo del ligero bimotor Piper Seneca y eso le salvó la vida.

El avión se estrelló poco antes de aterrizar en el aeropuerto de Langenhagen. El medio alemán NDR relató que un trabajador forestal encontró a Hoeness arrastrándose por el bosque, desorientado y cubierto de sangre. «Tengo frío. Me estoy congelando», contó a su rescatador. Cuando Hoeness se despertó al día siguiente se encontraba en el hospital Nordstadt de Hannover. Tenía los brazos, las piernas y las costillas rotas, un pulmón magullado y una conmoción cerebral. Su amigo y antiguo compañero de la Mannschaft, Paul Breitner, fue uno de los primeros visitantes que recibió. Hoeness ha dicho que fue Breitner quien le dio la noticia sobre lo que había pasado a los demás. Destrozó sus ganas de «festejar» el hecho de que estaba vivo, que sus amigos y el joven copiloto, que tenía solo 25 años, habían muerto.

Hablar de Hoeness como un gran sobreviviente por ese fatídico día sería una falta de respeto a los demás. Él sobrevivió, porque tuvo suerte, no por sus ganas de vivir. Pero es verdad que sus ganas de vivir al máximo, de competir, y de aprovechar al máximo todas las circunstancias, es algo que ha destacado durante toda su vida, tanto antes como después del accidente.

Como jugador, alcanzó la cima tanto con su club como con su selección. Ganó el mundial en 1974 y ganó con el Bayern tres veces la Copa de Europa. Marcó dos goles en la final (en el partido de desempate) contra el Atlético de Madrid en 1974. Tuvo que retirarse como jugador con solo 27 años. Pero en vez de llorar su falta de suerte se convirtió en el director general más joven en la historia de la Bundesliga y el gestor más importante en la historia del Bayern de Múnich.

Los últimos años de la carrera de Hoeness fueron un tanto deprimentes. El Bayern no lo quería más como jugador por una lesión de rodilla. Tuvo una prueba en el Hamburgo SV y su entrenador en aquella época, Branko Zebec, estaba a favor de contratarle, pero no pasó la revisión médica. Acabó fichando por el FC Nürnberg en 1978, pero jugó solamente 11 partidos. Tuvo que aceptar que su carrera había terminado años antes de su tiempo. Si ardía de rabia interior la canalizó en su nueva carrera. Como jugador había sido un grande. Como administrador, gestor y presidente de fútbol, sería un gigante.

Hoeness empezó con muchas ganas. Como recordó en una entrevista en 2011 a La Agencia Alemana de Prensa (DPA): «Tenía mucha energía y estaba muy motivado cuando llegué con una chaqueta gris y un bloc de notas metido bajo el brazo». Desde el principio decidió que quería ser pionero e innovador. Ese no era un buen momento para el club. Quizás si hubiese habido mejores condiciones en aquel momento no hubiera confiado tanto en un joven de 27 años, pero había pasado media década de declive en el campo y con problemas financieros fuera del campo. Llevaba cinco años sin ganar la Bundesliga y el club tenía deudas de alrededor de siete millones de marcos. Su plantilla de empleados y sus ingresos eran bajos. Hoeness cambiaría todo.

Su filosofía desde el principio era ser agresivo y luchar por el territorio que consideraba que debía ser del Bayern. Pero también estaba dispuesto a apoyar a los que estaban en dificultades. Por cada discusión con un director de un equipo rival había un ejemplo de ayuda para un club que atravesaba un momento difícil de su historia. Pero la prioridad era luchar contra los que amenazaban el dominio de Bayern.

Dijo al portal deportivo *Spox* en una entrevista en 2011: «Saqué los codos. Tuve que defender al club con uñas y dientes en el camino hacia la cima. Pero como gran organización, también tienes que ayudar a los pequeños. Echen un vistazo a la Primera, Segunda y Tercera División y encontrarán clubes por todas partes a los que también hemos ayudado en algún momento cuando lo necesitaban».

Sus batallas con Helmut Grashoff del Borussia Mönchengladbach y con Willi Lemke del Werder Bremen eran legendarias. «Yo era más salvaje entonces. Hoy soy mucho más indulgente en la discusión», dijo a la DPA. Cuando Gladbach era la amenaza más grande del Bayern, Grashoff era el enemigo número uno de Hoeness. Cuando el Bremen había empezado a reemplazar al Borussia como el gran rival de Bayern, Lemke ocupó el lugar de Grashoff. Pero a Hoeness no le gusta la idea de que el Bayern solo haya sido el matón de la liga. Se pone nervioso ante la sugerencia de que el club cayó por suerte en la riqueza y la supremacía deportiva. «Muchos siguen creyendo que hemos heredado de una tía rica en América o que nos ha tocado la lotería», contó al periodista Fatih Demireli en esa entrevista en *Spox*. Es verdad, cuando llegó al Bayern como jugador en 1960 el club no era ni el más grande de Múnich, mucho menos del país.

Las señales de que Uli iba a ser un gran gestor y un maestro de los negocios de fútbol estaban ahí desde una edad temprana. Su padre era carnicero y tenía su propio negocio familiar. Hoeness ha hablado de pasar las Navidades, buenas o malas, dependiendo de cuántos gansos vendiera su padre antes del 25 de diciembre. La humilde carnicería es hoy en día una fábrica familiar de salchichas que vende productos a varios países del mundo. El *Bild* informó en 2013 de que Hoeness estaba en un viaje de negocios relacionado con la fábrica cuando se reunió con Pep Guardiola para ofrecerle el puesto de entrenador del Bayern de Múnich. Hoeness iba a los Estados Unidos para vender sus salchichas a una cadena importante de supermercados y Guardiola estaba en Nueva York disfrutando de los últimos meses de su año sabático. Fue como carne para el Lidl y un carnet de Bayern para Pep.

Algo de ese espíritu emprendedor se manifestó en 1978 mientras todavía jugaba en el Bayern. Actuó como mediador entre la empresa automotriz Magirus-Deutz y el Bayern de Múnich para que el club pudiera firmar un contrato de patrocinador lo suficientemente suculento para traer a Breitner al club. El lateral izquierdo había dejado el Bayern en 1974 para ir a jugar en el Real Madrid. Cuando volvió a Alemania primero fue al Eintracht Braunschweig (pudieron pagar su traspaso porque se habían convertido en el primer club en Alemania en tener un patrocinador de camiseta). Y gracias al acuerdo con Magirus-Deutz —por lo que es muy probable que Uli cobró una pequeña comisión—, el Bayern pudo traer a Breitner a casa. Si el fichaje de Breitner fue importante, la llegada de Lothar Matthäus del Borussia Mönchengladbach en 1984 fue aún más. Hoeness admitió a *Spox* que tuvo que hacerlo clandestinamente porque «cuando te llevas a un Lothar Matthäus de otro club, por supuesto, hay que reunirse con el jugador en secreto».

De hacer cosas en secreto por el bien del club a hacer cosas en secreto por su propio bien le llevaría a la cárcel en su periodo de presidencia del club. Reemplazó a Franz Beckenbauer en 2009, pero tuvo que dejar el cargo en 2014 cuando fue condenado a tres años y medio de prisión por haber escondido transacciones en la bolsa y dinero que tenía depositado en un banco suizo en forma de evasión fiscal.

Durante todo su periodo gestionaba las finanzas del club de una forma impecable. El Bayern no tenía deudas y tenía la capacidad de comprar a los mejores jugadores y traer incluso a los mejores entrenadores al club. En marzo de aquel año en que fue sentenciado, el Bayern iba en camino de ganar la Bundesliga. Ganó al Wolfsburgo por 6-1 y al Schalke por 5-1 y tenía una ventaja de 20 puntos sobre el Borussia Dortmund que iba segundo. Cuando salió de la cárcel en febrero 2016 el Bayern seguía en la cima. Ganó la liga por 10 puntos en aquella temporada. El dominio no había cambiado, pero el papel de su legendario gestor sí.

Era imposible seguir siendo presidente del club más grande en Alemania desde su celda de la cárcel de Landsberg, una instalación de alta seguridad famosa por haber alojado a Adolf Hitler en los años 20. Eventualmente fue trasladado a una prisión abierta en Rothenfeld y a partir de enero de 2015 pudo ir a trabajar todos los días en el departamento juvenil del Bayern, siempre que volviera a estar entre rejas antes de las seis de la tarde de cada día. El *Fuldaer Zeitung*, un diario regional alemán, relató que podía llevar su propia ropa, disponer de dinero en efectivo fuera de la prisión, y que podía utilizar teléfonos móviles y ordenadores portátiles, pero que no podía salir del país, así que no podía acompañar al Bayern en la Liga de Campeones. El hecho de que había vuelto al club para trabajar con los jóvenes, que no le había pasado nada en sus días de «prisionero en libertad», y que había pagado 43 millones de euros al fisco por sus delitos ayudó a su causa y pudo salir a mitad de su condena.

Cuando regresó a su casa en Bad Wiessee en la madrugada de un domingo de febrero de 2016, su familia había contratado una banda de música para darle la bienvenida. Era como una escena de una película. Una película en la que Hoeness decía siempre que no iba a terminar con su condena siendo la última escena. Cuando dejó la presidencia, al entrar en la cárcel, en 2014 dijo: «Asumiré la responsabilidad de todo. Y cuando vuelva, no me retiraré. ¡Eso no es todo!». Él estaba seguro de que no había escrito su último capítulo en el club. Parecía que todo el mundo relacionado con el Bayern quería su regreso, solamente era cuestión de cómo gestionar su vuelta. Cuando fue liberado, el diario alemán-suizo *Basler Zeitung* afirmó que el pueblo respaldaba unánimemente su regreso a su puesto anterior. «Cánticos de "Uli" y ovaciones en pie se produjeron en la asamblea general de hace dos años y medio, y el patriarca del Bayern seguro que los recibirá aún más este viernes», dijo sobre su inminente reelección. «Su entronización será emotiva y triunfal.

Hoeness goza de gran estima entre los empleados, los aficionados y los socios del club».

La conexión entre el club y él se mantenía fuerte. Karl-Heinz Rummenigge le había visitado en la cárcel y Hoeness había hablado con Guardiola por teléfono incluso cuando el técnico catalán todavía estaba en el campo celebrando el título de la liga en 2014. Lo mantenían cerca.

Su sucesor como presidente en 2014, Karl Hopfner, dijo que Hoeness era «la cabeza, a menudo las agallas, siempre el corazón y el alma del Bayern de Múnich». Añadió: «Puedes decidir tranquilamente lo que quieres hacer después». Pronto fue evidente que lo que quería era volver a ser el máximo mandatario del club. Fue en 2016 cuando volvió a la presidencia, pero solamente por un mandato. En 2019 anunció que no se presentaría a la reelección. Sus últimos años en el timón no fueron sin polémica. Él habla de «suavizarse con la edad», pero muchas veces no parecía.

El socio de Bayern Johannes Bachmayr se convirtió en uno de los críticos de Hoeness más feroces en esa última etapa. Cuando en 1999 la revista de marketing *Horizont* nombró a Hoeness «Empresario del año», el joven Bachmayr había aplaudido. Lo sabemos, porque lo mencionó en su ataque verbal al todavía presidente en 2018. «Estaba feliz por eso (el premio de 1999), como si hubiéramos ganado otro título», dijo a la asamblea general de Bayern de diciembre de 2018. Según el diario bávaro *Münchner Merkur*, Hoeness era la razón por la que Bachmayr estudió Administración de Empresas. «La admiración ha dado paso al asombro por cómo Hoeness dirige ahora el negocio», relató *Münchner Merkur*. El hombre de 33 años de Hubenstein dio un discurso de 11 minutos en la asamblea anual en el Audi Dome y recibió muchos aplausos.

Bachmayr criticó a Hoeness por su trato a exjugadores del club como Breitner; por un acuerdo de patrocinio con Qatar; y por sus críticas a los medios de comunicación y a otros exjugadores y entrenadores del club. Al parecer, el detonante fue que Hoeness expulsó a Breitner del palco de directivos por atreverse a criticar al presidente. Breitner había dicho en una canal de televisión de Baviera tres meses antes, que el club debería tener «vergüenza» de Hoeness por su actitud hacía los medios que habían criticado al equipo.

Hoeness respondió a Bachmayr, pero de una manera no muy convincente. «Había tantas falsedades que tomaría tres horas», dijo. «Rechazo por completo un debate a este nivel». Incluso pidió que su adversario se disculpara. Breitner y Hoeness habían sido grandes amigos y compañeros de equipo en el Bayern de Múnich y en la selección alemana. Breitner se convirtió en el primer fichaje de Hoeness, y en 1980 fue a la cama de Hoeness después del accidente aéreo. El hecho provocaría que todo acabara en acritud porque a Uli no le gustó como su amigo Paul le criticaba por su forma de administrar el club y esto fue una bandera roja para algunos socios.

Tiene gracia que Bachmayr recordó con tanto cariño el premio de «Empresario del año» en 1999. Cuando la mayoría de los aficionados del Bayern recuerdan ese año por otra razón. En 1999 el Camp Nou acogió una de las finales de la Liga de Campeones más extraordinaria de la historia. El Bayern de Múnich se enfrentó al Manchester United y después de 91 minutos los alemanes ganaron por 1-0. Hoeness llevaba 20 años en las oficinas del club y había ganado 10 Bundesliga Meisterschale y una copa de UEFA, pero esta iba a ser la primera Liga de Campeones en su etapa como gestor del club.

El Bayern se había adelantado en el marcador gracias a un gol de Mario Basler. Hoeness estaba listo para la fiesta. El medio alemán Sport 1 recuerda que: «Creían en la victoria, y los asistentes ya estaban llevando champán y otras bebidas al borde del campo. También se distribuyeron gorras con la inscripción "Ganador de la Liga de Campeones 1999 - FC Bayern"». Basler se puso la suya, pero los demás nunca se la pondrían porque en el minuto 91 marcó Teddy Sheringham y 100 segundos más tarde, Ole Gunnar Solskjær marcó el segundo, el gol que le arrebató la copa a Uli y se la dio a Sir Alex Ferguson.

«Una experiencia así puede destrozarte», declaró Hoeness después del partido. Su prioridad era consolar y animar a los jugadores, sobre todo su capitán Oliver Kahn. No funcionó porque Kahn no fue al banquete posterior al partido, se quedó en su habitación de hotel. Sin embargo, como reveló Basler a la revista *11FREUNDE*, la fiesta en el hotel siguió igual o con aún más intensidad que si hubieran ganado el partido. «Bebieron, se rieron y bailaron tan fuerte que la pista estaba ardiendo», dijo. Hoeness no tenía su Copa de Europa, pero sí tuvo su fiesta y dos años más tarde sí ganó la Liga de Campeones contra el Valencia en San Siro.

Hoeness fue importante después de la final en Barcelona de 1999. Su energía y positividad fueron claves para que el club no se mantuviera en la lona por mucho tiempo. Y como bien recordó Bachmayr, fue en ese año que le premiaron por, como lo dijeron los jueces: «Su extraordinario logro empresarial al convertir un club de fútbol en una empresa deportiva de categoría mundial». Quizás en otras épocas el comportamiento bullicioso de Hoeness hacía Breitner y los demás, todo en nombre de lo que era mejor para el club, hubiera pasado desapercibido. No es que fuera nuevo. Siempre se había puesto en pie de guerra contra quienes, percibía, los enemigos del Bayern. Y nunca se contenía a la hora de criticar a la prensa. Una vez, en defensa de Arjen Robben, dijo: «Si tantos periodistas no le hubieran criticado durante tanto tiempo con esa mierda de que solamente juega para entretener o que es un egoísta, entonces habría marcado dos o tres goles en la mayoría de nuestros partidos difíciles. Ahora, en muchas situaciones, busca pasar el balón en vez de rematar».

Había atacado a otros clubes también. En 2003 cuando el Real Madrid fichó a David Beckham dijo en declaraciones recogidas por varios medios españoles: «Eso es bueno para nosotros. Nunca había visto un teatro de monos de esa naturaleza. Además, Beckham no es tan bueno. Me he divertido mucho siguiendo toda la historia durante las vacaciones. El Bayern no habría fichado a este jugador de ninguna manera. El Madrid está en proceso de dejar de ser un club de fútbol para convertirse en un auténtico circo. Ese fichaje, el de Beckham, es una auténtica farsa. No mejorarán en absoluto. Me parto de la risa cuando lo veo».

Y dejando a un lado a los medios de comunicación y a los rivales, también podía criticar hasta a su propio entrenador si lo consideraba necesario. Nunca estuvo en la misma página de Louis van Gaal. El entrenador holandés escribió en su autobiografía: «La opinión de Beckenbauer se considera la verdad incuestionable y exestrellas en la directiva como Rummenigge y Hoeness tienen los oídos abiertos para las estrellas de hoy que es una forma equivocada de hacer las cosas». Hoeness añadió de Van Gaal: «Un club moderno no puede estar dirigido por un solo hombre, pero así es como quiere actuar Van Gaal. No escucha la opinión de nadie. Tú dices lo que quieres, pero Van Gaal hace lo que le da la gana».

La disputa con Breitner continuó hasta 2022, cuando la amistad entre ambos se restableció y Breitner envió a Hoeness una carta abierta con motivo de su 70 cumpleaños. Parece que la relación que uno puede tener con Hoeness, sea como socio, colega o amigo, puede ser una montaña rusa. Quizás los que solo tienen cosas malas, o buenas, que decir, no pasaron tiempo suficiente con él para experimentar toda la gama de emociones. Para conducir al club como lo hizo durante casi 40 años se necesita cierta intensidad de fuego en las entrañas, y con ese fuego es inevitable que algunos se quemen. Alan McInally vio el lado disciplinario de Uli y el lado bondadoso también.

«Me encanta Uli Hoeness», dice el exdelantero de Bayern. «Estaba realmente triste por lo de la cárcel», A los autores del libro cuenta algunas anécdotas de su tiempo en Múnich. «Radmilo Mihajlović y yo fuimos a una discoteca un jueves por la noche. Y el sábado por la mañana en el ascensor, Uli me dijo: "No vuelvas a hacer eso". Le dije: "¿Hacer qué?", Me dijo: "Saliste el jueves por la noche". Pensé: "¿Cómo demonios lo sabe?". Pero claro, es Mister Munich, ¡por eso lo sabe! Luego me dijo: "Vamos. Vienes a comer". Le dije: "Genial, ¿a dónde vamos?". Me dijo: "Vienes a mi casa a conocer a mi familia"».

Cuando llegaron, lo primero que hizo Hoeness fue enseñarle la Copa del Mundo. «Qué cosa más bonita», recuerda McInally, «yo pude jugar tres partidos en el Mundial (con Escocia) y luego volvimos a casa. Y ahora tenía en mis manos la Copa Mundial que ganó Alemania».

McInally también recuerda el lado más divertido de Hoeness. En la primera pretemporada de McInally en el Bayern, Hoeness era el alma de la fiesta durante una noche cuando los jugadores estaban relajándose con unas cervezas y una barbacoa. «Me pidieron que cantara», dice McInally. «Dije: "No voy a cantar. No tengo guitarra. Consígueme una botella de champán y dame una guitarra y cantaré"». El gran delantero centro recién llegado del Aston Villa pensaba que había evitado tener que cantar, pero recuerda que Hoeness desapareció y 25 minutos después volvió con una botella de champán y una guitarra. Así que McInally tuvo que cantar. Tocó y cantó una canción que su padre le había enseñado que se llama *Diana*. La canción es sobre el amor que siente un joven por una chica llamada Diana. Está escrita por Paul Anka que más tarde escribió *My Way*. McInally cantó la canción, pero cambió el estribillo. En vez de ¡Di-an-a! cantaba ¡Jupp-Heynck-es! Su público, compuesto por compañeros y empleados del club, y por su entrenador del momento, el mismo Heynckes, estallaron como si McInally hubiera marcado un gol al Real Madrid en la final de la Copa de Europa. Nadie cantó el estribillo «¡Jupp-Heynck-es!» más alto que Hoeness.

«Es una leyenda en el Bayern y hay algo más que debo decir sobre él», añade McInally. «Mi carrera terminó cuando tenía 30 años por culpa de una lesión. Tuve muy mala suerte. Yo esperaba quedarme 10 años en el Bayern. Él se ocupó de mí y se aseguró de que estuviera bien. Fui muy afortunado que cuando mi carrera acabó estaba en un club donde Uli Hoeness estuviera al timón; me cuidaba. A Uli le encantó cómo me esforzaba en el campo y di lo mejor de mí. Es una leyenda en el Bayern y se portó fantásticamente conmigo».

Es una opinión compartida con la masa social del Bayern. Es indiscutible que cometió errores, pero son pequeños comparados con los más de medio siglo sirviendo y liderando el club como jugador y presidente. Sigue siendo presidente honorario, sigue yendo al Allianz Arena, y nunca se le considerará otra cosa que una leyenda del club.

13.
La década dorada de Borussia Mönchengladbach

Cuando Marc-André ter Stegen hizo su debut con el Borussia Mönchengladbach —salvando al equipo del descenso con solo 18 años— no dejó asistir a sus padres al partido. Fue difícil para ellos porque han sido aficionados del club durante toda su vida.

Ter Stegen contó a la revista alemana *11FREUNDE* en 2015: «Estaba nervioso. No dormí especialmente bien la noche anterior al partido y no quería que nadie de mi familia asistiera a mis primeros partidos. Les prohibí a mis padres que fueran al estadio. Fue una pena para ellos, pero yo lo quería así. Pensé: "No conozco a las otras 50.000 personas en el estadio, no tengo que justificar mi actuación ante ellas"».

Añadió a *11FREUNDE* que la prohibición duró hasta que «Gladbach» había ganado la permanencia, contra todo pronóstico, y gracias en gran parte a su joven y brillante portero.

Fue el 10 de abril de 2011, cuando el entrenador del Gladbach Lucien Favre perdió la paciencia con su portero titular Logan Bailly y le reemplazó con Ter Stegen. Faltaban seis partidos y el Borussia iba colista con pocas opciones de salvarse. Fue una apuesta arriesgada sobre la que no todos estaban convencidos. El entrenador de los porteros en el

Gladbach Uwe Kamps tenía dudas. No dudaba de las capacidades de Ter Stegen, pero era mucha presión para un joven. Y el partido no solo fue importante por ser como una final en el contexto de la liga, también fue un derbi contra el gran rival del Borussia, el FC Köln.

La apuesta salió bien. El Gladbach ganó por 5-1. Ter Stegen permaneció en el equipo y solo encajó dos goles más en los cinco últimos partidos de la temporada. Con una gran actuación en la última jornada contra Hamburgo SV a domicilio, el equipo logró un 1-1 y evitó el descenso directo. Aún tenía que enfrentarse al Vfl Bochum en el *play-off*, pero lo ganó (1-0 y 1-1) para mantenerse de categoría una temporada más. Fue una victoria significativa para el club, y para los padres de Ter Stegen que por fin pudo ver jugar a su hijo en el estadio.

Ter Stegen tenía todos los requisitos para ser un nuevo ídolo en el club. Su familia llevaba el Borussia en la sangre. Dijo a *11FREUNDE*: «El club ha estado presente en nuestra familia desde que tengo uso de razón. Mi abuelo asistía a los partidos en Bökelberg como policía. Mi padre me llevó al estadio por primera vez cuando tenía cuatro años».

De niño Ter Stegen hizo pruebas en el Borussia y fue aceptado en la cantera del club donde jugó en todas las categorías inferiores antes de llegar al primer equipo en ese dramático final de la temporada 2010-11. En la siguiente temporada fue titular en cada uno de los 34 partidos de liga y solo encajó 24 goles. Gladbach se transformó, acabando la temporada 12 puestos más arriba en la clasificación y con 24 puntos más que la temporada anterior. Fue titular en cada partido de la liga en las dos siguientes temporadas hasta que en 2014 el Barcelona le fichó. Sus cuatro temporadas estelares en el Borussia habían llamado mucho la atención a otro gran portero, Andoni Zubizarreta, el entonces director deportivo del Barcelona. Zubizarreta dijo a Diario *Sport*: «Lo seguimos desde que empezó a jugar de titular con el Borussia Mönchengladbach y lo seguimos en todas las competiciones que pudimos, fijando en su calidad en la portería, su personalidad y cómo eso se podría adaptar al Barça». Tan buena fue la adaptación de Ter Stegen al Barça, que una década más tarde sigue en el club como uno de los capitanes.

En el primer año tuvo que compartir la portería con Claudio Bravo. El chileno jugó en la Liga y Ter Stegen en la Liga de Campeones y la Copa del Rey. El Barça ganó todo, y la victoria en Champions tuvo lugar en el Estadio Olímpico de Berlín por 3-1 sobre la Juventus. El papel que Ter Stegen tuvo en esa temporada de triplete, su calidad, y su capacidad de aprender español le ayudaron a ser aceptado y respetado. También le ayudó el hecho de que viniera del Borussia Mönchengladbach, un club con pedigrí y renombre.

Fotografía del Gladbach hacia el año 1900. (c) Wikimedia.

No fue siempre así. El Mönchengladbach es una ciudad pequeña con menos de 270.000 habitantes y en el mundo del fútbol no era muy conocida fuera de Alemania antes de los años setenta. Cuando sus jugadores viajaban en competiciones europeas, su ciudad se confundía a menudo con Múnich, que sonaba parecido, pero que estaba a 650 kilómetros más hacía el sureste. Eso cambió en los años setenta. Sus brillantes jugadores frecuentemente superaron al Bayern y pusieron a la ciudad en el mapa futbolístico para siempre. El equipo era tan dominante que ganó una Bundesliga a pesar de perder tres puntos por culpa de un poste podrido.

En la jornada 27 de la temporada 1970-71 el Borussia se enfrentó al Werder Bremen en casa en el Bökelbergstadion. En la jornada anterior había perdido el derbi en la casa de su rival más importantes, el FC Köln, así que iban primeros, pero solamente con un punto más que el Bayern de Múnich.

Este partido en casa contra el Bremen fue el primer partido de los 10 que quedaban. Los dos equipos estaban empatados a uno cuando faltaban solo dos minutos. El Gladbach iba con todo por el gol de la victoria. El atacante Herbert Laumen luchó por el balón en la línea del gol. Günter Bernard, el portero del Bremen, intentaba atraparlo. El portero despejó el balón por encima del larguero con su puño. Él y Laumen acabaron en el gol y el delantero del Gladbach chocó con tanta fuerza con el fondo de la red que la portería se cayó. El poste estaba podrido y no aguantó el impacto de los 75 kilogramos de Laumen en la red. El poste colapsó y el larguero cayó, casi estrellándose en la cabeza del delantero.

«Estaba atrapado allí como un pez en una red, necesitaba ayuda para salir», Laumen dijo al web de la Federación Alemana de Fútbol, *dfb.de.* Durante los siguientes 12 minutos hubo varios intentos de levantar y sostener el poste podrido, pero no hubo manera. Ni con jugadores suplentes apoyándolo, ni con el jardinero del Gladbach, Willi Evers, intentando repararlo con un martillo y unos clavos. El árbitro tuvo que cancelar el partido con el 1-1 en el marcador.

A partir de ahí le llamaban a Laumen «Pfostenbruch» («rompedor de postes»). Poco tiempo después se reemplazaron las porterías de madera con postes de aluminio en toda la liga, por ley. Un diario llevó en su portada la inocentada que Laumen había cortado el poste a propósito porque tenía acciones en un negocio de aluminio.

En cuanto a la Bundesliga, Gladbach lamentó una oportunidad perdida. Esperaban ganar el partido contra Bremen, un rival que iba séptimo en la clasificación. Sus jugadores querían jugar los dos minutos del partido que faltaron en otra fecha, o repetir el partido entero. Como solo quedaron dos minutos, también se especulaba que los dos equipos podrían llevarse un punto cada uno, reflejando el 1-1 en el marcador. Sin embargo, DFB decidió dar los dos puntos de la victoria al Werder Bremen con un resultado de *forfait* de 0-2. El Dr. Ernst Rücker, el presidente del comité de arbitraje de la Bundesliga, dictaminó que el Gladbach había sido negligente al no poder reparar los daños causados a una portería durante un partido.

Algo parecido sucedió 27 años después cuando una portería en el Santiago Bernabéu se vino abajo porque un grupo de aficionados del Borussia Dortmund se había subido a una red montada atrás de la portería, arrastrándola, y la portería, al suelo. El Madrid buscó una portería sustituta en sus instalaciones de entrenamiento y el partido reinició 75 minutos más tarde. A diferencia a esta semifinal de la Liga de Campeones entre el Dortmund y el Real Madrid, el Gladbach no tuvo una solución y pagó por ello, perdiendo los dos puntos. El resultado dejó la clasificación más apretada. Y en la última jornada, el Bayern de Múnich y el Borussia Mönchengladbach tenían récords idénticos salvó por el hecho de que el Bayern había marcado un gol más. Así, el Gladbach tenía que mejorar el resultado del Bayern en la última jornada. Los dos tenían que jugar fuera de casa. El Gladbach jugó en el campo del Eintracht Frankfurt. El Bayern de Múnich jugó en el campo del Duisburg. El Bayern perdió por 2-0. El Borussia no falló y ganó el campeonato. Günter Netzer marcó dos minutos antes del descanso. Horst Köppel calmó los nervios de la afición del Gladbach con el segundo gol en minuto 70. Y Jupp Heynckes marcó dos goles más. Heynckes acabó la temporada con 19 goles.

Netzer marcó nueve, como Köppel; y Laumen marcó 20. El Gladbach marcó 77 en total.

Además, al ganar la Bundesliga en 1971, el Gladbach se convirtió en el primer equipo en retener el título porque en la temporada anterior, la 1969-70, lo había ganado por primera vez en su historia. No fue nada fácil ganarla. En la jornada 31 ganó el derbi frente al FC Köln 2-0. Faltaban cinco partidos y con una victoria más se hubieran coronado campeones, pero perdieron tres partidos consecutivos contra el Bayern de Múnich, el Hannover 96 y el Rot-Weiss Essen. Se enfrentaron al Hamburgo SV en la penúltima jornada. Siguieron como líderes, pero a causa de sus tres tropiezos, tenían al Bayern de Múnich a solo tres puntos. El Bayern tenía a Oberhausen en casa en su penúltimo partido y ganó por 6-2. El Gladbach tenía que ganar. Después de 47 minutos iba ganando por 4-0, pero con goles en los minutos 55, 69 y 85, el Hamburgo SV metió miedo al campeón. El Borussia aguantó para ganar el partido y su primera Meisterschale.

Los aficionados del Gladbach celebraron esta primera liga en su estadio el jueves 30 de abril de 1970, la habían ganado a falta de una jornada. Al principio de la temporada ni siquiera había ganado al Bayern de Múnich en un partido de la Bundesliga. Habían ascendido a la primera división en el mismo año que ellos, pero en sus ocho primeros enfrentamientos no habían conseguido ganarles. Sin embargo, en la jornada dos, les ganó por 2-1 en casa. Fue una señal de que algo estaba cambiando. A finales de octubre lideraba la Bundesliga por la primera vez en su historia y al final de la campaña eran campeones dejando al Bayern en segundo lugar. El periodista Wilhelm August Hurtmann los había bautizado como «los potros», en el *Rheinische Post* de los años sesenta. Netzer, Jupp Heynckes, Berti Vogts, Hacki Wimmer y Laumen habían irrumpido juntos, y por su edad y su forma de jugar sueltos y salvajes los llamó así («Die Fohlen» en alemán). A finales de 1969 parecía que los potros habían empezado a convertirse en caballos pura sangre.

Jupp Heynckes llegó a ganar títulos con el Bayern como entrenador pero en los años 60 era uno de los llamados «potros» del Gladbach en palabras del periodista Wilhelm August Hurtmann. © Shutterstock.

Desde su primer año en la Bundesliga en la temporada 1965-66, el Gladbach había destacado por su capacidad ofensiva. Heynckes, quien había fichado por el club en 1964, era una máquina de hacer goles y estaba rodeado por buenos atacantes. En la segunda mitad de la década de los 60, el Gladbach dominaba partidos en la fase ofensiva, pero no ganó la Bundesliga. Su entrenador, Hennes Weisweiler, supo cómo rectificar haciendo unos ajustes en defensa con los fichajes de Ludwig Müller del Nürnberg, y de Klaus-Dieter Sieloff del Stuttgart. El equipo dejó de ser el más goleador de Alemania, pero se convirtió en el que menos encajaba, y ganó esa primera liga en 1970.

Estos dos campeonatos consecutivos 1969-70 y 70-71 eran solo el principio. El Gladbach ganaría la Bundesliga cinco veces más antes del final de los años setenta, además ganaron la Copa DFB Pokal y la Copa de la UEFA en dos ocasiones. Era evidente que iba a convertirse en uno de los mejores clubes de Europa cuando «ganó» por 7-1 al gran Inter de Milán en su primera temporada en la Copa de Europa en 1971. Fue un golpe en la mesa, a pesar de que por circunstancias inéditas quedó eliminado del torneo. El «escándalo de la lata» pasó en octubre de 1971. Después de haber ganado la Bundesliga, el Gladbach fue el representante de Alemania en la Copa de Europa. Se enfrentó a los campeones de Italia, Inter de Milán, en la segunda ronda de la competición.

El Gladbach pulverizó a los famosos italianos, que habían ganado la Copa de Europa en 1964 y 1965. Era un partido inolvidable por múltiples razones. El equipo de Weisweiler empezó ganando gracias a un gol de Heynckes. Roberto Boninsegna empató para el Inter. Luego Ulrik le Fevre volvió a adelantar al Gladbach y a partir de ahí empezó el verdadero drama. Boninsegna cae al suelo.

De un partido no televisado hay poco metraje que examinar. Hay imágenes de Boninsegna tumbado en el suelo siendo atendido por los médicos italianos. Lo que no está claro es el porqué. El capitán del Inter, Sandro Mazzola, enseñó una lata de Coca-Cola al árbitro. Los del Gladbach seguían argumentando que la lata no estaba llena, y que ni siquiera impactó en Boninsegna. Hay teorías incluso de que Mazzola la había cogido de los espectadores de Inter.

Los de Inter, y el mismo Boninsegna en varias entrevistas, desde entonces, han insistido que le golpeó una lata llena y no pudo continuar jugando. «A mis ojos, fue una lata vacía», dijo el árbitro aquella noche, el neerlandés Jef Dorpmans, a la revista digital dedicada a Borussia Mönchengladbach, *TORfabri*, en 2004. Se paró el partido durante siete minutos. Cuando volvieron los jugadores, Boninsegna había sido sustituido. Comenzó de nuevo el partido y el Gladbach siguió con su dominio, iba ganando por 5-1 en el descanso. El equipo alemán marcó dos más en la segunda parte. El resultado provocó elogios de todas partes del continente. Pero los italianos protestaron y después de una investigación de parte de su Comisión Disciplinaria, la UEFA ordenó la repetición del partido. Con el primer partido anulado, el partido «de vuelta» se convirtió en el partido «de ida» y el Inter lo ganó por 4-2. En la vuelta, jugado por petición de UEFA en Berlín en vez de Mönchengladbach, los equipos empataron a cero y el Inter se clasificó para los cuartos.

Dorpmans contó a *TORfabrik* que el jefe de la policía le dio la famosa lata después del partido (ahora sí estaba vacía, sin ninguna duda). La dio al museo de su club en los Países Bajos, Vitesse Arnhem, donde todavía está expuesta.

Los campeones de Italia llegaron a la final donde perdieron por 2-0 contra el Ajax. Johan Cruyff marcó dos goles para los holandeses. Mucha gente creía que la final debería haber sido Ajax contra Gladbach, Cruyff versus Netzer. Si la UEFA no hubiera anulado el famoso 7-1 quizás así hubiera pasado. La gran batalla Cruyff vs. Netzer finalmente se hizo realidad en 1973 cuando los dos jugaban en España.

La sensación de que al Gladbach le habían robado una gran oportunidad de ganar una Copa de Europa antes de que el Bayern Múnich pudo hacerlo en 1974, dejó una cicatriz en el alma del club que nunca se ha curado de todo. En 2020 el Borussia se enfrentó al Inter de Milán en la Liga de Campeones. Y, tal como *La Gazzetta dello Sport* informó, la noche anterior del partido los ultras del Gladbach lanzaron fuegos artificiales delante del hotel donde se alojaron los jugadores del Inter. Cuando los somnolientos jugadores abrieron sus cortinas vieron una pancarta que decía simplemente: «Recuerda Inter: Las cosas van mejor con Coca-Cola».

En la temporada 1971-72, el Bayern ganó la Bundesliga. La volvió a ganar en 1973 y 1974. Pero el Gladbach no se rindió y tuvo su propia racha de tres Meisterschales de 1975 a 1977. La primera de las tres fue la última campaña del entrenador Weisweiler antes de que se acabara sus nueve años en el club. Cuando Weisweiler se hizo cargo del club en 1964, Netzer y Heynckes eran promesas con 19 años. El año después vino Berti Vogts, otro talentoso chico de solo 19 años. Weisweiler tuvo muchos jóvenes talentos a su disposición, pero tuvo que reconstruir constantemente el equipo a medida que los mejores jugadores se marchaban a otros clubes. Heynckes se fue al Hannover en 1967; volvió en 1970. En 1971 Laumen y Köppel dejaron el club. Köppel volvió en 1973. En 1972 dos jóvenes promesas danesas ficharon para el Gladbach. Henning Jensen fue un éxito al instante. A Allan Simonsen le costó más, pero Weisweiler nunca perdió la confianza en él. En la temporada 1974-75 Jensen marcó 13 goles en la Bundesliga y Simonsen marcó 18. En la Copa de UEFA que el Gladbach ganó ese año, Simonsen marcó nueve goles y, a su lado, Heynckes marcó 11. En 1977 Simonsen ganó el Balón de Oro, pero bajo las órdenes de un nuevo entrenador, porque en 1975 Udo Lattek reemplazó a Weisweiler.

Por un lado, iba a ser difícil emular a Weisweiler, por otro, Lattek contaba con una gran ventaja: heredó un gran equipo gracias a su predecesor. Lattek llegó al club con muy buen palmarés en sus vitrinas. Cuando el Gladbach había luchado en vano por arrebatar el poder al Bayern de Múnich entre los años 72 a 74 era Lattek el que lideró al Bayern a tres títulos en tres años. La medida en que estos dos hombres, Lattek y Weisweiler, dominaban los banquillos durante esa década se ve en el hecho de que después de ganar la Bundesliga en 1976 y 1977 con el Gladbach, Lattek iba por la tercera, pero acabó segundo, detrás del FC Köln. ¿Y quién entrenaba al FC Köln en la temporada 1977-78? Era Weisweiler, quien había vuelto a Alemania después de un breve periodo en el banquillo del Barcelona.

Los vínculos entre La Liga y el Gladbach de los setenta van mucho más allá que los siete meses de Weisweiler en el Barça. El Real Madrid fichó a Netzer en 1973. Era un hombre muy adelantado a su tiempo en cuanto a sus negocios fuera de fútbol. Fue el primer futbolista profesional en abrir su propia discoteca, Lovers Lane, situada en el casco antiguo de Mönchengladbach, a partir de 1971 cuando abrió, era un lugar para ser visto. Según la página web *11km*.de cuando Netzer se trasladó a Madrid por un millón de marcos, el lugar perdió algo de su encanto. Mientras estaba Netzer la gente iba porque existía la posibilidad de ver al hombre que muchos en Madrid llamarían el «dios rubio».

La regla en el fútbol español que prohibía fichajes de jugadores del extranjero, establecida después del fracaso de La Roja en el mundial de 1962, había sido derogada en 1973 y cada club de La Liga podría fichar a dos extranjeros. Al principio del verano el Real Madrid fichó a Netzer y al final de verano el Barcelona fichó a Cruyff.

En su primera temporada en España Netzer no marcó ningún gol en La Liga española, mientras que Johan Cruyff marcó 16. En la jornada 22 el alemán jugó de titular en un 0-5 vergonzoso a manos de un Barcelona inspirado por el holandés. Más allá de la rivalidad los dos eran amigos, incluso podrían verse juntos en un anuncio de calzoncillos, pero Cruyff dejó al ex del Gladbach en la sombra en aquel primer año. El Barcelona ganó en 1973-74 la Liga y el Madrid terminó octavo. En su segunda temporada Netzer marcó siete goles —igual que Cruyff— y el Real Madrid ganó la Liga. El fracaso en liga del Barça provocó un cambio en el banquillo y otro ex del Gladbach, Weisweiler, llegó a España. En la temporada 1975-76 el Barça tenía a Weisweiler como entrenador y el Real Madrid aún tenía a Netzer como jugador. El Madrid ganó la liga en la que fue la última temporada de Netzer antes de que fichara para el Grasshopper de Suiza. Tan feliz había sido el Real Madrid con el alemán que el presidente, Santiago Bernabéu, fichó a su compañero de la Mannschaft, Paul Breitner, y más tarde a otro del Gladbach, Uli Stielike.

Weisweiler no acabó esa temporada 1975-76 en el Barça. Duró hasta la jornada 28 cuando le despidió el presidente interino Raimon Carrasco. El equipo iba tercero a seis puntos del Real Madrid, el líder. Pero no fue despedido por eso. Su pecado mayor fue enfrentarse a Cruyff. Le sustituyó en una derrota por 2-0 contra Sevilla después de 70 minutos. Ese incidente y el hecho de que Weisweiler dejara fuera a Cruyff en el partido siguiente, una derrota en copa contra Salamanca, creó una guerra interna con Cruyff por un lado y Weisweiler por otro. Solo iba a haber un ganador en esta batalla. La afición pitó al técnico en los entrenamientos y puso una pancarta que decía: «Abuelito W.W. a Los Alpes;

Heidi Cruyff a La Masía». Se refería a una serie de animación popular en España en la época *Heidi.* Cruyff se quedó y «el abuelito Weisweiler» dimitió después de una derrota contra el Liverpool en la ida de la semifinal de la Copa de Europa. Según Francesc Aguilar, escribió en *El Mundo Deportivo,* Weisweiler se despidió de todos salvo de Cruyff porque cuando quiso estrechar la mano, Cruyff se negó a dársela.

Su experiencia con Weisweiler no desanimó al Barcelona a probar su suerte con otro ex del Gladbach. Al principio de la temporada 1981-82 el club contrató a Lattek, quien tenía bajo sus órdenes a Simonsen que empezaba su segunda y última temporada en el club catalán. Lattek y Simonsen ganaron la Recopa juntos, pero Lattek no acabó la siguiente temporada. Si el problema de Weisweiler se llamaba Cruyff, el problema de Lattek se llamaba Maradona.

Lattek tenía varios problemas con Diego. Una vez ordenó al chófer del autocar que arrancara, a pesar de que el argentino no estaba en el bus. Lattek se defendió: «No podía esperar más, siempre llegaba tarde, estaba en juego mi autoridad. El resto de los jugadores me aplaudieron, pero al día siguiente Maradona habló con el presidente y mis días estaban contados». Lattek volvió al Bayern de Múnich donde por segunda vez en su carrera ganó tres ligas seguidas de 1985 a 1987.

A estas alturas, el Gladbach ya no era la fuerza que había llegado a ser en los años ochenta. Acabaron cuartos en 1985 y 1986 y terceros en 1987, pero los noventa fueron años difíciles y en 1999 el club bajó a Segunda donde pasó dos temporadas.

En 2000, mientras estaba en Segunda, el club conmemoró su centenario escogiendo un 11 histórico. Netzer, Heynckes y Simonsen fueron incluidos y Weisweiler fue escogido como el entrenador. El portero elegido era Wolfgang Kleff, quien era el portero titular durante los setenta, en el partido del poste podrido, y en las dos copas de la UEFA al final de la década. Si hicieran otro 11 histórico ahora, quizás Ter Stegen estaría en la portería. Lo que sí es cierto es que el actual portero del Barça es, como Simonsen, Netzer, y Lattek, un grande del Gladbach que ganó también en la Liga.

14.
Los cinco alemanes de oro

Como equipo de fútbol sala no estaría nada mal lo siguiente: Lothar Matthäus, Franz Beckenbauer, Matthias Sammer, Karl-Heinze Rummenigge y Gerd Müller. Son los cinco alemanes quienes han ganado el Balón de Oro.

Máquina de goles Müller aparte, los cuatro primeros jugadores en esta lista eran futbolistas muy completos. Matthäus, Beckenbauer y Sammer eran todocampistas, exponentes de un fútbol total, dignos del equipo llamado «la naranja mecánica» de sus vecinos Holanda en los años setenta. Los tres podrían haber jugado en casi cualquier posición en el campo. Y Rummenigge era un delantero bastante moderno. Un jugador muy versátil que tenía la capacidad de jugar como un nueve, como un diez, o en cada una de las dos alas.

Sin embargo, hay un problema con este equipazo. No hay portero entre los cinco. Quizás por polivalencia la mejor opción sería Matthäus. Pero ¿quién se lo va a decir?

Matthäus tenía fama por no responder muy bien a las malas noticias. Cuando el seleccionador alemán Berti Vogts le dijo que no iba a ser el capitán durante la Eurocopa de 1996, reaccionó de tal manera que Vogts tuvo que apartarle de la selección.

Hombre con cinco exesposas (Silvia, Lolita, Marijana, Kristina y Anastasia) y cinco exclubes (FC Herzogenaurach, Borussia Mönchengladbach, Bayern de Múnich, Inter Milán y New York MetroStars), Matthäus tenía un carácter fuerte. Se peleaba con compañeros y rivales por igual. Cuando jugaba por el Bayern la prensa alemana le dio el apodo «Der Lautsprecher» («el altavoz») por su tendencia de opinar con fuerza sobre todo.

Matthäus sigue siendo el jugador con más partidos con la selección alemana. Y sigue siendo un misterio que después de 150 partidos con Alemania y con más de 600 con sus clubes no haya entrenado nunca en la Bundesliga. Tras su retirada parecía que ningún club alemán lo quería. Ha tenido que ser entrenador lejos de su propio país. Técnico del Rapid Viena en Austria, del Partizan Belgrado en Serbia, del Athletico Paranaense en Brasil y del Maccabi Netanya en Israel. Ha sido seleccionador de Hungría y de Bulgaria. Pero nadie en la Bundesliga lo contrató. Al principio su reputación le precedía. Su fama por ser un hombre a veces difícil echó para atrás a sus posibles pretendientes. Más tarde, después de años trabajando en la televisión deportiva, su claridad y carisma en pantalla le hacía mucho más atractivo para los clubes alemanes. Pero a estas alturas tenía dinero suficiente como para no necesitar el estrés del banquillo de un gran club.

Matthäus fue el cuarto jugador alemán en ganar el Balón de Oro. De los cinco que lo han obtenido es el único que lo ganó jugando fuera de la Bundesliga. En la temporada 1989-90 Matthäus llevó la camiseta de Inter y no ganó el Scudetto. El Inter había ganado la temporada anterior con Mathäus, pero en 89-90 quedó tercero a pesar de que él marcó 11 goles. Pero fue lo que hizo con su país lo que le llevó al honor individual. Levantó la copa del mundo como capitán de Alemania. Su entrenador en el Inter, Giovanni Trapattoni, una vez dijo: «Admiro a Maradona y me encanta Platini, pero para ganar necesito a Matthäus».

Cuando Matthäus debutó con la selección alemana en 1980, con solo 18 años, lo hizo a lado de otro de los cinco hombres de oro del fútbol alemán, Rummenigge. Los dos compartieron vestuario en la Eurocopa que Alemania Federal ganó aquel verano en Italia. En ese entonces todo era de una escala más humilde, tanto el Balón de Oro como el torneo en sí. En la Eurocopa de 1980 había ocho equipos. No había ni octavos, ni cuartos, ni semifinales. El ganador del grupo 1, Alemania, se enfrentó en la final al ganador del grupo 2, Bélgica. Alemania ganó la final por 2-1 gracias a dos goles del delantero del Hamburgo, Horst Hrubesch. En el equipo del torneo elegido por la UEFA, Rummenigge fue elegido a lado de Hrubesch en la delantera. Luego, él ganó el Balón de Oro, que como trofeo en aquella época parecía más a una pelota de billar sobre un plinto de madera. No sería hasta 1983 cuando el trofeo se transformó en un balón de 7 kilogramos encima de una base de pirita. La «gala» también era más modesta. El ganador tenía que ir a París a recibir su premio, y posar para una foto delante de la Torre Eiffel o quizás el Arc de Triomphe. Rummenigge fue dos veces, en 1980 y 1981.

Karl-Heinz, conocido como «Kalle», irrumpió en el primer equipo del Bayern en 1974 cuando Gerd Müller todavía estaba en su mejor momento. Rummenigge tenía 19 años y era un extremo muy habilidoso con algo de gol, tenía por delante el mejor goleador de la historia del fútbol alemán. El Bayern tenía mucha fe en la transición del uno al otro, pero tardó en llegar. Rummenigge marcó cinco goles en 21 partidos en aquella primera temporada. Müller marcó 23. Rummenigge marcó 8 goles en la temporada siguiente. Müller volvió a marcar 23. En la campaña 1976-77 el joven marcó 12 y Müller marcó 28. En 1977-78 Rummenigge marcó solamente 8 y Müller marcó 24. Pero Müller tenía 10 años más que Kalle y en la temporada 1978-79 la diferencia empezó a notarse. Rummenigge marcó 14 y Müller, ya luchando con las lesiones, solo anotó 9. La siguiente temporada fue la primera para el Bayern sin Müller. Ganó la liga y Kalle marcó 26 goles y ganó su primer Balón de Oro. El futuro había llegado. El extremo habilidoso ya era el nuevo delantero principal del Bayern de Múnich. En la temporada 1980-81 Bayern volvió a ganar la Bundesliga y Rummenigge marcó 29 goles, ganando su segundo Balón de Oro.

No queda duda de que los mejores años de Kalle en el Bayern fueron en el principio de la década de los ochenta. Sin embargo, lo que nunca pudo hacer en esa época dorada es volver a ganar la Copa de Europa como lo había hecho al principio de su tiempo en el Bayern. Se quedó en el banquillo en 1975 cuando el Bayern de Múnich ganó al Leeds United por 2-0 en el Parque de los Príncipes en París. En 1976 fue titular en la victoria por 1-0 a Saint-Étienne en el Hampden Park, Glasgow. Tenía 20 años y necesitaba un poco de ayuda. Sufrió con los nervios al principio de su carrera y aguantó la tensión de la final gracias a un chupito de coñac administrado por el fisio antes del partido.

Después de sus dos Balones de Oro al principio de la década de los 80 tuvo otra oportunidad de ganar una Copa de Europa. El poderoso Bayern fue el favorito contra el Aston Villa en 1982 en Róterdam. Y aún más cuando después de nueve minutos el muy experimentado portero del Villa, Jimmy Rimmer, tuvo que retirarse lesionado. Su sustituto, Nigel Spink, solo había jugado un partido con el Villa antes, pero hizo un partidazo con algunas paradas a Rummenigge incluidas. Aston Villa ganó la final por 1-0 y cuando Karl-Heinz se retiró en el año 1989 en el club suizo Servette, lo hizo con tantos Balones de Oro como Copas de Europa en su palmarés.

Hasta el momento solo hay un jugador más en la historia de la Bundesliga que ha ganado el Balón de Oro dos veces. El gran Franz Beckenbauer lo hizo en 1972 y 1976. Con su elegancia nata, Beckenbauer había reinventado la posición de líbero. Para los italianos el líbero tenía que barrer detrás de los defensas. Beckenbauer hacía esto a la perfección, pero también era capaz de sacar el balón, dirigir el juego de equipo, o llegar sin balón al último tercio del campo para ayudar en la última fase del ataque.

El gran Franz Beckenbauer ganó el Ballon d´Or en 1972 y 1976. Con su elegancia nata Beckenbauer había reinventado la posición de líbero. Sello conmemorativo del Mundial de 1974 y antes de salir al estadio de Avellaneda en Buenos Aires para un partido amistoso contra el Racing en 1966. (c) Wikimedia.

En 1972 Beckenbauer fue capitán de la selección alemana que ganó la Eurocopa en Bélgica. Con Beckenbauer conduciendo el juego desde atrás y la gran estrella del Borussia Mönchengladbach, Gunter Netzer, bajando para asociarse con él, el fútbol de Alemania Federal era espectacular. Por muy poco Beckenbauer ganó a Netzer y a su otro compatriota, Müller, para ganar su primer Balón de Oro después del torneo. El Bayern ganó la Bundesliga en el mismo año y Beckenbauer jugó en cada uno de los 34 partidos de la campaña. En 1974 Beckenbauer volvió al pódium ganando el balón de plata. Volvió a quedar segundo en 1975 y en 1976 ganó su segundo Balón de Oro en un año cuando hubiera sido muy difícil no darle el galardón. El Bayern de Múnich ganó la Copa de Europa, su tercera copa seguida. El Ajax lo había hecho de 1971 a 1973. Ahora el Bayern lo había hecho también. Ganó al Atlético de Madrid en 1974, al Leeds United en 1975, y al Saint-Étienne en 1976. Beckenbauer levantó la Copa después de la victoria por 1-0 contra los franceses. Y unos meses más tarde levantó su segundo Balón de Oro.

Beckenbauer se trasladó a los Estados Unidos en 1977 y jugó dos temporadas en el New York Cosmos antes de volver a la Bundesliga en 1980 para jugar las dos últimas temporadas de su carrera en el SV Hamburgo (HSV). Franz, con 35 años, tenía ya bastantes problemas con las lesiones, únicamente jugó un total de 28 partidos en dos temporadas. Beckenbauer llegó al Hamburgo justo cuando Kevin Keegan se fue del club al Southampton. El delantero inglés había ganado el Balón de Oro en 1978 y 1979 en el HSV. Por nacionalidad, como Allan Simonsen en 1977 no cabe en nuestro equipo de ganadores alemanes del Balón de Oro, pero sí de ganadores del trofeo de la Bundesliga. Los dos forman parte de la historia de la dominación de la liga alemana en esa época. En el periodo de 1970 a 1982 el jugador de la Bundesliga ganó el premio Balón de Oro nada menos que ocho veces.

Ese periodo de dominación empezó con el matador del área Müller en 1970. Marcó 38 goles con el Bayern de Múnich y 10 goles para Alemania Federal. Extraordinariamente sus goles no fueron suficientes ni para ganar la Bundesliga ni el mundial. Alemania cayó en las semifinales contra Brasil, perdiendo 4-3 después de la prórroga. Y el Bayern acabó segundo en la Bundesliga, terminó a cuatro puntos del equipo campeón, el Borussia Mönchengladbach. Müller marcó la pauta. Le siguió Beckenbauer y más tarde Rummenigge cogió la batuta. Eran cinco Balones de Oro no solo para Alemania, sino exclusivamente para Bayern de Múnich. Cuando lo ganó Matthäus había jugado en el Bayern y estaba a punto de volver a jugar con el club. ¿Podría ganarlo algún jugador que no fuera del Bayern de Múnich? Es hora de hablar de Matthias Sammer, «el Barón Rojo».

Sammer nunca pateó el balón llevando la camiseta del Bayern de Múnich. Llegó a ser el quinto alemán en ganar el Balón de Oro en 1996. A pesar de que Sammer no fue jugador del Bayern sí tuvo una conexión con Beckenbauer.

Si Beckenbauer ha pasado a la historia como el mejor líbero de todos los tiempos, puede ser que Sammer sea el segundo mejor. Era el hijo de Klaus Sammer, también futbolista que ganó dos ligas con el Dinamo Dresden en Alemania del Este. Matthias jugó en el club de su padre y con su padre como su entrenador, empezó jugando como delantero. Pero bajo las órdenes de Ede Geyer, quien reemplazó a Klaus Sammer como entrenador del Dinamo Dresden, cambió su posición al ala izquierda y luego al medio campo. Inspirado por Sammer, el Dresden ganó la liga en la República Democrática de Alemania (RDA) en 1989 y 1990. Ganó la copa en 1990 y llegó hasta semifinales en la Copa de UEFA, donde perdió contra el VfB Stuttgart. La siguiente temporada fue el VfB Stuttgart quien lo fichó. En su segunda campaña allí ganó la liga (la primera Bundesliga en una Alemania unida) y después de tal éxito todos los grandes clubes en Europa lo querían.

Fue al Inter Milán en 1992. Empezó bien, pero le costó adaptarse a Italia fuera del campo y en enero volvió al Borussia para jugar bajo los órdenes de Ottmar Hitzfeld. Desde el mediocampo marcó 10 goles en lo que quedaba de esa primera temporada. En la siguiente temporada Hitzfeld cambió su dibujo a un 3-5-2 y utilizó a Sammer como líbero. El cambio cambió su carrera para siempre.

Sammer tenía el apodo de «el Barón Rojo» por el color de su pelo. También le llamaron el «nuevo Beckenbauer» por su estilo de jugar. Nadie había visto nada igual desde Beckenbauer en esa posición. Tenía un gran olfato defensivo. Hacía recuperaciones y conducía con el balón hacia la otra mitad del campo. El Dortmund ganó la Bundesliga en 1994 y Sammer fue la estrella del equipo. Ganó el premio al «mejor jugador del año» en Alemania en 1995 y 1996 y ganó la Bundesliga en ambas temporadas. Y en 1996 Sammer ganó la Eurocopa con Alemania y el Balón de Oro, por ser el mejor jugador del torneo. En la votación ganó al delantero del Barcelona Ronaldo Nazario por un punto. Llegó a ser el segundo defensa en la historia en ganar el Balón de Oro después del gran Beckenbauer.

En los últimos años de su carrera, Lothar Matthäus había emigrado a la posición de líbero y podía haber hecho ese papel para el seleccionador Berti Vogts en la Eurocopa de 1996, pero se lesionó en las eliminatorias y el técnico lo reemplazó con Sammer.

Cuando Matthäus se recuperó, Vogts ni siquiera lo incluyó en la convocatoria. Alemania no lo echó de menos porque Sammer jugó el torneo de su vida. Dos veces ganó el MVP en partidos y ganó el «mejor jugador del torneo» con una Alemania campeona en Wembley contra la República Checa.

Fue una operación de rutina que terminó con la carrera de Sammer. Cogió una infección y temía perder su pierna. No pasó lo peor, pero sí tuvo que retirarse con solo 31 años. El 13 de octubre de 1997 en el Hospital Martin Luther en Berlín le operaron por un problema menor que tenía en la rodilla izquierda. Dos días más tarde su rodilla se inflamó como un globo y le dolía mucho. Volvió al hospital y le diagnosticaron una infección bacteriana que requirió un tratamiento de emergencia para salvarle la pierna y hasta la vida.

Desde entonces él ha dicho que pensaba que tenía cinco años más de fútbol por delante, pero los problemas que sufrió después de la infección forzaron su retiro. Las bacterias habían afectado a sus riñones y tiroides. Un antibiótico tras otro había fallado. Solo fue el último antibiótico el que le salvó la vida. A pesar de lo que le había robado la infección, Sammer nunca culpó a los médicos. «Nadie lo hizo a propósito», dijo en una entrevista al diario alemán *BZ*.

La tristeza envolvió el Dortmund, pero la relación entre el Barón Rojo y el Muro Amarillo tuvo un final feliz. En el año 2000 Sammer volvió al club como entrenador y en su segunda temporada llegó a ser el entrenador más joven en la historia en ganar la Bundesliga. Se quedó dos años más en el club antes de irse al Bayern como director deportivo.

Como jugador Sammer hubiera jugado en el mundial de 1998 si no fuera por lo que le pasó el año anterior, no se rindió sin luchar, ganó músculo en el verano de 1998 en su intento de llegar al torneo. Al final no pudo ser. Y tampoco volvió en la temporada de la Bundesliga 1998-99.

En la Eurocopa de 2000, Alemania quería seguir jugando con un líbero a pesar de que no tenía Sammer. Fue Matthäus quien volvió a la selección para llegar a ser solo el segundo jugador en la historia en jugar en cinco mundiales. Alemania cayó en cuartos contra Croacia. Dos años más tarde Matthäus jugó en la Eurocopa 2000, dos décadas después de su debut en 1980 a lado de Rummenigge. Matthäus se retiró con 150 partidos con Alemania. Fue un récord logrado en parte por la mala fortuna de Sammer.

En la historia de los mejores jugadores del fútbol alemán hay vínculos importantes entre Sammer, Matthäus, Rummenigge, Beckenbauer y Müller. Quizás en el debate sobre quién ha sido el mejor jugador de la historia, ningún alemán entra en la conversación. Pero si íbamos a hacer un equipo de cinco de cada país y de cada liga, el equipo que representa la Bundesliga sería difícil de superar.

Werner Olk, Franz Beckembauer y Gerd Müller firmando balones, en una foto sin fechar. Los dos últimos ganaron sendos Balones de Oro. (c) Bundesarchiv, B 145 Bild-F025342-0009 / Gräfingholt, Detlef / CC-BY-SA 3.0, CC BY-SA 3.0.

15.
Heynckes el héroe

En el Bayern de Múnich de Jupp Heynckes a finales de los años 80 y principios de los 90, era muy fácil descifrar quién era quién en la jerarquía de la plantilla. Los «hombres hechos» se tomaban una cerveza con la cena.

El delantero escocés Alan McInally jugó una temporada en el Bayern de Múnich, marcó 10 goles y ganó una Bundesliga. Su aventura en Alemania fue truncada por una grave lesión cuando solo tenía 28 años. Cuenta a los autores de este libro: «En las cenas antes de los partidos, Franz Beckenbauer, Heynckes, Uli Hoeness, el doctor Hans-Wilhelm Müller-Wohlfahrt y los masajistas estaban en una mesa; y había dos mesas de diez con todos los jugadores. Los jugadores podían tomar una cerveza con la cena, ¡solo una!, si habían ganado una Bundesliga o si era un jugador de la selección».

Dice que los jugadores tomaban la regla muy en serio, no recuerda que nadie haya incumplido la norma. «Era como si los jugadores lo sintieran: queremos ganar la Bundesliga o ser convocado con la selección, para poder tomar una cerveza con la cena».

Con estos requisitos Heynckes se podía tomar su cerveza tranquilamente. Como delantero había ganado cuatro Bundesligas con el Borussia Mönchengladbach, una

Eurocopa y un Mundial con la selección. Como entrenador había ganado una Bundesliga y a continuación ganaría tres más, dos Ligas de Campeones, y se convertiría en el primer entrenador en Alemania en ganar el triplete. McInally le conoció por primera vez en un hotel de Glasgow en 1989. Después de jugar un partido entre Escocia y Chile un agente le había dicho que algunas personas del Bayern de Múnich querían conocerlo.

«Uli Hoeness (que estuvo con Heynckes en la reunión) era muy reconocible, parecía el jugador que había jugado para el Bayern», dice McInally que en aquella época era la estrella de Aston Villa en Inglaterra. «No sabía qué aspecto tenía Jupp Heynckes. Ni siquiera sabía que él era un top jugador internacional venerado por todos en Alemania».

Meses después, cuando era jugador del Bayern de Múnich, fichado por Heynckes, McInally recuerda: «Jugamos contra el Gladbach y nadie quería hablar con nosotros, los jugadores, después del partido, todo el mundo quería hablar con Jupp porque era tan amado ahí a pesar de que se había convertido en técnico del Bayern».

Le amaban en el Borussia Mönchengladbach, donde había marcado gran parte de los 243 goles de su carrera. Solo Gerd Müller y Klaus Fischer marcaron más goles en la Bundesliga. Ahí empezó su carrera como entrenador en 1979. Era ambicioso y muy poco indulgente con los jugadores que no tenían el talento que él había tenido como jugador. Ha admitido desde entonces que le hubiera gustado haber sido más comprensivo con los jugadores que no eran capaces de hacer lo que él hacía como estrella de la Bundesliga en los años 70. El Borussia terminó séptimo en su primer año como entrenador, pero se quedó siete años más y de 1984 a su última temporada en 1987, el Borussia Mönchengladbach nunca terminó fuera de los cuatro primeros puestos. Fue su nivel de constancia lo que convenció al Bayern de Múnich para contratarle.

En 1986 el Bayern lo quería, pero Heynckes rechazó la oferta por lealtad al Gladbach. Un año más tarde fue el momento de cambiar aires. El Bayern fue subcampeón en su primer año y campeón el año siguiente. Tenía un joven mediocampista bajo sus órdenes que se llamaba Hans-Dieter Flick. Forjaría una buena relación con Flick y años después lo recomendó a Uli Hoeness para el puesto de entrenador del Bayern de Múnich.

En su tercer año en el Bayern, Heynckes fichó a McInally. «Era muy estricto», recuerda el escocés. «Caminabas por el pasillo y veías tu peso escrito en la pared. Te pesaban todos los días. Y no recuerdo nunca haber tenido un domingo libre bajo sus órdenes. No importaba dónde jugáramos el sábado, incluso si teníamos que volar de vuelta el mismo domingo por la mañana, íbamos directamente al campo de entrenamiento para entrenar. Pero siempre me trataba bien. Mantenía a todo el mundo a distancia. No creo que pudieras llegar al santuario interior de Jupp Heynckes si eras su futbolista. Pero aparte de eso, había toques de calidez que no se olvidan. Por ejemplo, solía tener un masaje cada viernes con el mismo masajista, un muy buen tío con quien tenía buena relación. Hablábamos de cosas sobre la televisión británica como los Monty Python y nos reíamos mucho. Todos los viernes por la noche, sin falta, Jupp Heynckes entraba donde sabía que me estaba dando un masaje y me preguntaba cómo estaba, hablándome en alemán. Mi amigo masajista cambiaba su tono un poco y me empezaba a hablar más de mis articulaciones y menos de los Monty Python. Pero, me acuerdo de esto: que todos los viernes por la noche cuando yo estaba en el Bayern de Múnich Jupp Heynckes me venía a ver. Cuando miro atrás, pienso que sí fue muy amable conmigo. Lo aman en el Bayern por lo que hizo ahí, y por eso volvió tantas veces al club».

Lo que Heynckes hizo en su primera etapa no lo salvó de la destitución en 1991. Voces fuera del vestuario afirmaban que le faltaba carisma, y desde dentro del vestuario le acusaba de un exceso de severidad. A pesar de eso, fue una decisión que Uli Hoeness llamaría la «peor de su carrera»; una decisión que llevó a Heynckes al Athletic Club de Bilbao.

Fue nombrado nuevo entrenador del club vasco cuando aún quedaban ocho partidos de la temporada 1991-92. No se hizo cargo de su nuevo equipo hasta la campaña siguiente. Admitió a la prensa española que su amigo Johan Cruyff le había aconsejado aceptar el reto de devolver al Athletic a las competiciones europeas.

Al llegar al País Vasco, *El Mundo Deportivo* le preguntó por qué había rechazado las ofertas de la Bundesliga para venir a España. «Necesitaba un cambio», dijo. «Quería distanciarme del fútbol alemán, verlo desde fuera». Y eso lo hizo durante dos años. En la primera temporada el Athletic Club terminó séptimo y en la siguiente acabó en el quinto lugar en la clasificación. En el Mönchengladbach era joven y naíf, exigiendo demasiado de sus jugadores. En el Bayern había aprendido a ser un poco más diplomático. Pero no había olvidado su lado disciplinario, y en el Athletic Club eso era exactamente lo que querían. Querían que él mandara. «El Athletic será irreconocible» les dijo al principio. Prometió a los aficionados: «Les van a emborrachar con el fútbol que juguemos». No los defraudó. Los llevó de nuevo a Europa. El club quería que se quedara más años, pero Heynckes rechazó la oferta de un nuevo contrato para ir al Eintracht Frankfurt.

El Eintracht también quería un líder fuerte, un sargento de hierro para un grupo de jugadores que les faltaban disciplina. Pero el proyecto fracasó. En 1992 casi había ganado la liga con el Dragoslav Stepanović en el banquillo y Tony Yeboah como pichichi del equipo con 15 goles, pero el club pensaba que Stepanović estaba demasiado cerca a los jugadores. El presidente Matthias Ohms quería la versión más disciplinaría de Heynckes, pero los jugadores nunca aceptaron el nuevo orden que Heynckes quería imponer. Las relaciones entre él y su plantilla no eran buenas, sobre todo con Yeboah. Heynckes quería que el delantero perdiera unos kilos, pero el ghanés no estaba de acuerdo. Heynckes llamó a Yeboah, Maurizio Gaudino y Jay-Jay Okocha para un entrenamiento extra. Como consecuencia, los tres jugadores le dijeron que no iban a jugar en el próximo partido en casa contra el Hamburgo SV. Heynckes enloqueció. «La falta de respeto lo volvió loco», relató su asistente Karl-Heinz Körbel, al medio alemán *Frankfurter Neue Presse.* Los tres fueron suspendidos, Gaudino y Yeboah dejaron el club. Henckyes los siguió por la puerta. Dejó el club en decimotercer lugar, y cuando, un año después, descendieron a segunda, muchos de los seguidores le echaron la culpa al exentrenador.

Mientras, el Eintracht Frankfurt bajó en 1996, el nuevo club de Heynckes, el Tenerife, se metió en Europa por primera vez en su historia. Todo lo que había ido mal en Frankfurt, fue bien en la isla. El delantero argentino Juan Antonio Pizzi acabó la temporada pichichi con 31 goles. Era una cifra que solamente el gran Ronaldo Nazario había sido capaz de superar en una temporada. La temporada siguiente Pizzi fichó por el Barcelona para convertirse en el compañero de Ronaldo. Heynckes se quedó un año más antes de fichar por el Real Madrid en el verano de 1997. En esa segunda temporada en el Tenerife le llevó a las semifinales de la Copa de la UEFA. Perdió contra el Schalke 04, club con el que trabajaría a partir de 2003.

Pizzi contó en 2022 a Radio Marca que, en Tenerife, Heynckes heredó una buena plantilla que llevaba tres años juntos y que había tenido algo de éxito bajo los órdenes de Jorge Valdano. «Heynckes mantuvo el estilo de Valdano con la base de la plantilla, pero le dio sus matices y fue evolucionando a la vez que iban cambiando los objetivos del club», dijo Pizzi. El Tenerife quería evolución, el Eintracht Frankfurt había querido un cambio radical, la única cosa que quería el Real Madrid, su próximo club, era su séptima Copa de Europa. La ganó al primer intento, y menos mal, porque solo duró un año en el club.

En el Madrid, Heynckes encontró los mismos pesos pesados como en el Bayern de Múnich. Pero en el Bayern, como dice McInally, él era respetado por su trayectoria como jugador en Alemania. En España no tenía ese saldo a su favor. A pesar de como terminó —con festejos en Ámsterdam después del gol de Predrag Mijatović en la final de la Liga de

Campeones— fue una temporada tumultuosa en el Madrid. El equipo quedó cuarto en la clasificación a 11 puntos de los campeones, el Barcelona. Fuera del campo se rumoreaba durante la temporada que los jugadores pasaban demasiado tiempo en las discotecas de la ciudad. *El Mundo Deportivo* entrevistó al dueño de un disco bar, el Barnon, donde se suponía que algunos jugadores del Madrid iban frecuentemente. Sobre las acusaciones, Richy Castella dijo al diario: «No corresponde con la realidad. No es cierto que salgan todos los días de fiesta. En nuestro local solo se dejan ver después de los partidos, y cuando ganan. Son jóvenes de carne y hueso, el balón no es su novia».

En el Real Madrid instó a Heynckes a que pusiera a todos los jugadores a raya, pero no podía. «No me hacen caso», dijo al presidente del club Lorenzo Sanz quien le tenía mucho aprecio, pero que le relevaría de sus funciones al final de esa primera temporada.

Después de un par de temporadas en el Benfica, volvió al Athletic Club y se repitió la historia porque después de dos temporadas le ofrecieron la renovación, pero la rechazó porque quería volver a Alemania, esta vez al Schalke 04.

En 2003 «los Mineros» habían terminado séptimos en la Bundesliga. Bajo las órdenes de Heynckes, el Schalke 04 no mejoró su posición en la clasificación y después de solo cuatro jornadas de su segunda temporada lo despidieron para alegría de la mayoría de los jugadores. «Así son los negocios», dijo el defensa brasileño Marcelo Bordón al medio alemán *Süddeutsche Zeitung*. Rudolf Assauer, gerente general del Schalke, comentó: «Jupp es un hombre del fútbol de la vieja escuela, pero estamos en 2004».

Esta última frase recuerda los comentarios que se hicieron sobre Vicente del Bosque cuando lo echaron del Real Madrid en 2003 para poner a Carlos Quieroz en su lugar. Del Bosque acabó siendo el seleccionador que ganó el primer mundial de España en 2010. Cuando le despidieron del Schalke 04 Heynckes tenía 59 años. Él inició la siguiente temporada en el Borussia Mönchengladbach otra vez, pero después de 14 jornadas el equipo tenía solo cuatro puntos y dimitió, renunciando a los últimos seis meses de su contrato. El Gladbach aceptó con tristeza su dimisión, siempre será una leyenda en el club. La brevedad de su mandato pareció reforzar las dudas que el Schalke tenía sobre él, pero cuando el Bayern de Múnich lo contrató para dirigir sus cinco últimos partidos de la temporada 2008-09 —y ganó cuatro de ellos— convenció a algunos de que aún tenía cosas que aportar.

El Bayer Leverkusen le contrató para la temporada siguiente, Heynckes permaneció dos años con ellos terminando cuarto en la primera temporada y subcampeón en la segunda. Esta vez se fue por su propia voluntad. «El señor Heynckes nos ha informado de que no estará disponible un año más», dijo el director general del Leverkusen, Wolfgang Holzhäuser. En su primer año entrenó a Toni Kroos dando al chico de solo 19 años, cedido por Bayern de Múnich, 26 partidos como titular. En la segunda campaña de Heynckes en el Bayer, Kroos volvió a Múnich y Bayer fichó a su exjugador Michael Ballack. Con el más veterano Ballack, Heynckes no tenía tan buena relación como la había tenido con Kroos. Fue la gran contradicción en la carrera de Heynckes, cuando sentía la soberbia en un jugador o en un grupo chocaba con ello y no le iba bien, sin embargo, a pesar de que en el Bayern es donde más estrellas había, casi siempre le fue bien. Después del Bayer, volvió al Bayern de Múnich por tercera vez. Y como, el supuestamente «desfasado» Del Bosque ganó el mundial con España, el abuelo Jupp ganó el triplete con el Bayern.

Como técnico, los jugadores que han trabajado con Heynckes tienen pocas dudas sobre él. Kroos dijo a *El País*: «Con 19 años, le tenía en Leverkusen como entrenador. Él veía mi talento. Venía de un tiempo en el que no jugaba mucho y me dio toda su confianza. Pero me dijo algo: "Al fútbol también se juega sin balón. Yo veo tu calidad con el balón, pero solo con eso no vas a llegar a lo más alto"». Es algo en lo que también hace hincapié McInally. El escocés dice: «Jupp pone mucho énfasis en el hecho de que hay dos partes del fútbol: la parte cuando tienes el balón y la parte cuando no. Y la parte cuando no tienes el balón es igual de importante o incluso más que cuando lo tienes».

Como hombre, hay unos pocos que no lo soportaban. «Heynckes era un pedante introvertido, se fijaba en todo y nos miraba a todos. Se enteraba de cuando fumábamos, sabía cuántas cervezas habíamos bebido el fin de semana», dijo Wolfram Wuttke a *11FREUNDE*. Fue Wuttke quien le dio a Heynckes el apodo «Osram» (nombre de una empresa alemana que fabrica bombillas) por cómo se ponía rojo cuando al jugador le sobraban 600 gramos antes de un partido. Pero son muchos más, como Kroos, que le tienen en lo más alto. «Heynckes no se reía. Era un gran contraste con Udo Lattek en los años anteriores, pero fue, con diferencia, el mejor entrenador de mi carrera», dijo el exdelantero de Bayern de Múnich Roland Wohlfahrt al periodista Sebastian Stiekel en el medio alemán *Emder Zeitung* en 1999.

En Alemania se habla mucho del hecho de que Heynckes nació el 10 de mayo de 1945. Esto se debe a que el 9 de mayo de 1945 terminó la Segunda Guerra Mundial. Nacido entre las ruinas de los años de miseria, Heynckes era el noveno hijo de diez hermanos; hijo de un padre herrero y madre comerciante; yesero de formación además de futbolista, era un tipo humilde.

El apodo de «Osram» se le quedó. Su inventor Wuttke dijo que lo que más le fastidiaba de Heynckes era que el apodo no parecía molestarle. Heynckes no siempre tenía la cara roja enfurecida con sus jugadores. Cuenta McInally que pasaba algo muy a menudo en la víspera de partidos importantes en el Bayern de Múnich. McInally cuenta a los autores: «Klaus Augenthaler era un Dios en el club. Solíamos ir a Tegernsee antes de los partidos. Estaba como a 60 kilómetros fuera de Múnich. Nos concentrábamos ahí antes de los partidos en casa. Entrenábamos al pie de una montaña junto a un lago. Era precioso. Teníamos una reunion de equipo por la mañana y él (el gran central Augenthaler) me decía: “Vamos”. Me llevaba un bollo de pan. Él encendía un cigarro y yo daba comida a los patos y caminábamos, y me hablaba sobre el partido en alemán, y me decía qué cosas esperaba de mí el equipo. Heynckes debió haberle dicho: "Habla con él, involúcrale". Luego cenábamos y después de la cena los chicos, el viernes por la noche, se preparaban para salir. Y Heynckes (siguiendo el ejemplo de su jugador) actuaría como: "Ah, ok, sí", y decía a todos que teníamos que ir a la cama a las 10.30, quien necesitaba el médico tenía que hacerlo ahora, y que el desayuno sería a las nueve de la mañana. Y nos íbamos».

Es decir que Heynckes era el jefe, pero también era capaz, sabiendo como era el Bayern, de compartir el poder. Claramente era Augenthaler quien decidía cuándo se terminaba la cena. El entrenador nada más esperaba la señal de su capitán.

Tanto Henyckes como Hansi Flick son muy queridos en el Bayern. El actual entrenador del Barcelona ganó la Bundesliga en 2020 y 2021. (c): Simon Mellar/FC Bayern München.

Heynckes sabía bajar las luces y no estar siempre en modo rojo vivo. Su capacidad de adaptarse a las circunstancias le ayudó a alargar su carrera y a trabajar casi 40 años en los banquillos en nueve clubes muy distintos. Tres de ellos, lo contrataron más de una vez; el todopoderoso Bayern de Múnich se puso a sus órdenes cuatro veces. Podía ocupar el centro del escenario; podía pasar a segundo plano. Después de ganar el triplete en 2013 se retiró. Volvió al Bayern una vez más en 2017 para ganar otra Bundesliga. Ahora en segundo plano es donde está feliz y donde quiere quedarse.

En mayo del 2020 Kicker le hizo una fantástica entrevista en su cumpleaños de 75. Heynckes contó a la revista alemana que hoy en día disfruta de su jubilación y que le gusta hornear pan y hacer mermelada. Hablaba en contra del presidente de Estados Unidos de ese momento y a favor de los jóvenes que luchan para cambiar el mundo de cara al cambio climático. De su pasado dijo: «Era una época muy pobre, la reconstrucción, la población se moría de hambre. Mi madre dio a luz a nueve hijos en los años de preguerra y guerra, y luego llegó mi hermana menor. Era una cuestión de supervivencia para esta familia de doce miembros, socialmente desfavorecida. Mi padre trabajaba como herrero durante diez o doce horas, seis días a la semana. Mi madre regentaba una tienda de barrio. No teníamos nada, pero nunca eche nada en falta, nunca pedí nada».

Si imaginamos un Monte Rushmore para los hombres más importantes del fútbol alemán, no cabe duda de que Jupp Heynckes estaría ahí. Quizás, por su apodo, con la cara un poco más roja de los demás.

16.
El orgullo del campeón perdido

> *«Existe, incluso, una atracción morbosa por el equipo cuando está especialmente mal gestionado».*
>
> *Florian Haupt, aficionado de 1860 Múnich.*

«El amor por el club siempre permanece intacto», comenta Bernd Gersdorff exmedia punta del Eintracht Braunschweig. Lo dice en una entrevista con los autores de este libro en agosto de 2024, cuando su antiguo equipo es colista en la Bundesliga 2. Da igual, el sentimiento no cambia.

El Eintracht fue fundado en 1895 en Braunschweig, la segunda ciudad más grande de Baja Sajonia, en el norte del país. Fue uno de los 16 equipos que formaron la primera Bundesliga en 1963 y la ganó en 1967. En total son 13 los equipos que la han ganado desde su inauguración. En la temporada 2024-25 cinco de estos excampeones están en Segunda División del fútbol alemán, y uno está en Tercera. Dos de estos cinco equipos en Segunda —el FC Köln y el Hamburgo SV— se enfrentaron en la primera jornada, fueron 50.000 asistentes al RheinEnergie Stadion. No había nada extraño en ello. La temporada anterior, en la jornada 22, por primera vez en la historia del fútbol alemán, sumó más aficionados en los partidos de Segunda división que en los partidos de Primera.

Eintracht fue fundado en 1895 en Braunschweig, la segunda ciudad más grande de Baja Sajonia, en el norte del país. Fue uno de los 16 equipos que formaron la primera Bundesliga en 1963 y la ganó en 1967. Partido entre el Holstein Kiel y el Eintracht Braunschweig en noviembre de 1963. (c) Wikimedia.

El FC Köln ganó la primera Bundesliga en 1964. En el año 1978 la volvió a ganar. En 2002 bajó a Segunda por primera vez. En 2024 sufrió el sexto descenso de su historia. Son muchos años de rebotar entre Primera y Segunda. A pesar de todo, la gente sigue llenando el estadio.

Y en el Volksparkstadion es igual. El Hamburgo SV (HSV), como cuenta el capítulo 9 de este libro, ganó la Bundesliga en 1979, 1982 y 1983, pero bajó a Segunda en 2018 y no han vuelto a primera desde entonces.

De todos los «gigantes dormidos», el más pequeño —el menos gigante— es el Eintracht Braunschweig, el equipo en el que jugó Gersdorff. Él es de Berlín, pero se quedó a vivir en Braunschweig, 234 km al oeste, tras su retirada. Sigue siendo el club de su corazón. Su estadio —el Eintracht-Stadion— solo tiene un aforo de 24.474. Sin embargo, casi se llenó en su primer partido en casa de la temporada 2024-25. Su rival, el Magdeburg, ganó por 3-1, pero «Die Löwen» (los Leones) no van a perder la fe.

«Sigo yendo al estadio a menudo y disfruto del ambiente», dice Gersdorff que fichó para el Braunschweig en 1969 de Tenis Borussia Berlín. Fue un talentoso atacante y tuvo varias ofertas, pero le convenció Helmut Johannsen, el entrenador del Braunschweig, porque estaba dispuesto a dejarle terminar su licenciatura en ciencias de la educación al mismo tiempo que jugaba para el equipo.

Pasó cuatro temporadas ahí antes de ir al Bayern Múnich para una temporada en 1973. Volvió al Braunschweig, y jugó en el club en 1977 cuando se quedó a solo un punto del campeón, el Borussia Mönchengladbach.

Recordando el año en que el equipo salió campeón, nos dice: «En el 67 nadie tenía al Eintracht Braunschweig en el punto de mira antes de que empezara la temporada. Ganar la Bundesliga fue algo sensacional».

Sobre ese título de la liga inesperado el portero del Braunschweig, Horst Wolter, contó al medio alemán *NDR* que: «El objetivo al principio de la temporada era la permanencia», y sin mucho conocimiento de los «leones» muchos se burlaban del Braunschweig llamándoles «las amas de casa de la liga». Fue una liga de récords. Solo encajó 27 goles que fue récord de la Bundesliga hasta 1988. Y solo necesitó 49 goles para acabar campeones. Nadie ha vuelto a ganar la liga marcando tan pocos goles.

Como pasó con el Leicester City en la Premier inglesa en 2016 los expertos pasaron la temporada pronosticando la caída inminente del Braunschweig, pero no sucedió. En el camino a la gloria los «leones» ganaron a un emergente FC Bayern, que tenía a Sepp Maier, Franz Beckenbauer y Gerd Müller. También ganaron al vigente campeón de aquel año, el 1860 Múnich (de ellos, el único antiguo campeón de la Bundesliga actualmente en Tercera división, hablaremos más tarde).

«Las posibilidades económicas harán que sea cada vez más difícil el futuro, pero volver a Primera División siempre será el gran objetivo», dice Gersdorff del Braunschweig.

Las dificultades financieras son reales. Sería un cuento de hadas volver, pero érase una vez que el Braunschweig estuvo a la vanguardia comercial de los clubes de élite. En 1973 se convirtió en el primer equipo en Europa en llevar un patrocinador en su camiseta. Günter Mast era el propietario de Jägermeister, la empresa que inventó, y sigue fabricando, un licor de hierbas del mismo nombre. Jägermeister («maestro cazador» en español) era muy popular en la región de Baja Sajonia, donde se encuentra Braunschweig. El ciervo que estaba en la etiqueta de las botellas era muy reconocido, y a partir de marzo de 1973 fue aún más visible porque se mostraba en las camisetas del Eintracht Braunschweig.

«Todos estábamos muy orgullosos de ser el primer equipo del fútbol profesional en el mundo al que se le permitía llevar publicidad en la camiseta», dice Gersdorff. «Por aquel entonces, había un conflicto legal entre Jägermeister y la Federación Alemana de Fútbol (DFB). Un debate que dominó los medios durante meses. Como equipo, estábamos en el centro de esa disputa y recibimos mucha atención. Jägermeister fue un gran pionero del fútbol profesional».

Su propietario, Mast, reconocía el potencial de marketing de su empresa. Y tras la dura pugna con la DFB de la que habla Gersdorff, el equipo pudo debutar con las camisetas nuevas con el ciervo, el 24 de marzo de 1973, contra el Schalke 04. Mast no debería llevarse todo el mérito. Klaus-Dieter Seisselberg es alguien muy importante en la historia. Era un cartero y también jefe de un club de hockey sobre patines. Un día tuvo que llevar una carta a la casa remota del famoso Mast y aprovechó para pedirle un gran favor, que la empresa de Mast apoyara a su club económicamente, a cambio los jugadores llevarían el ciervo de Jägermeister en el pecho de sus camisetas como publicidad.

A Mast le fascinó la idea y le hizo pensar: ¿cuál sería el próximo paso? Qué mejor manera de hacer publicidad que poner el logotipo de su empresa en la camiseta de once jugadores de fútbol. El club más grande que tenía cerca de Mast, quien no era aficionado del fútbol, era el Braunschweig. La revolución no transcurrió sin sobresaltos. A la DFB no les gustaba la idea de no poder controlar esa nueva fuente de ingresos. Una cosa era dejar a un futbolista hacer publicidad de una colonia por su propia cuenta y otra cosa era dejar a los equipos llevar mensajes de publicidad en sus camisetas.

El Braunschweig firmó con Jägermeister al principio de 1973 pero no fue hasta marzo cuando se le permitió. E incluso en marzo parecía más que el Braunschweig había simplemente cambiado su escudo de un león a un ciervo. No se mostraba el nombre de la marca, solamente el ciervo. En respuesta a la trampa de reemplazar el logotipo de la marca por el escudo, la liga alemana puso más trabas. El «nuevo» escudo tenía que tener ciertas dimensiones y no podía incluir letras. No importaba, el genio había salido de la botella.

Como informó el diario alemán *Die Welt* el 19 de junio de 1973, el secretario general de la DFB, Hans Passlack envió una circular a su junta en la que proponía la formación de una comisión para examinar el problema de la publicidad en la ropa deportiva. Concluyó que la opinión pública había evolucionado y estaba a favor. El Congreso Federal de la DFB decidió el 27 de octubre de 1973 quitar las restricciones.

Jägermeister pagó al Braunschweig 500.000 marcos durante cinco años. Era el primer paso en el camino que ha llevado a clubes como el Bayern de Múnich a firmar acuerdos por 200 millones de euros. Al principio no ayudó al Braunschweig mucho en el campo. En 1974 descendió a Segunda. Pero en un año había regresado, y con Branco Zebec en el banquillo disfrutó de sus mejores momentos desde que ganaron la liga en 1967. En 1976 acabaron quintos, Gersdorff marcó 13 goles. Había vuelto del Bayern de Múnich, fichado por Braunschweig de nuevo, y llegó a la selección alemana.

Un año más tarde el Eintracht Braunschweig casi ganó la Bundesliga. Acabó tercero a solo un punto del campeón, el Borussia Mönchengladbach. «Zebec revolucionó el juego del Eintracht», dice Gersdorff. También fue preguntado si el equipo de los setenta fue mejor que el que ganó la liga.

Dijo: «No me corresponde a mí decirlo, pero mucha gente en Braunschweig sigue creyendo que el de mediados de los setenta fue el mejor equipo que ha tenido el Eintracht Braunschweig».

El patrocinio de Jägermeister ayudó a sanar las cuentas del club y pudieron fichar a jugadores de renombre. Paul Breitner, un internacional alemán y ex del Bayern de Múnich, vino del Real Madrid, pero no salió bien y el equipo fue de más a menos. Zebec dejó el equipo en 1978. En 1979, el Braunschweig terminó la temporada bajando a Segunda como colista. Volvió un año después, pero en 1985 bajó de nuevo y se mantuvo 29 años fuera de la Bundesliga.

Sebastian Stiekel, periodista de la principal de la agencia de noticias alemana Deutsche Presse-Agentur (dpa), es aficionado del Eintracht Braunschweig de toda la vida. «Yo tenía ocho años cuando el equipo bajó en 1985», dice a los autores de este libro. «Lo más curioso es el papel del famoso patrocinador Jägermeister. Mientras su propietario solo era el patrocinador, gastaba mucho dinero, pero en 1983 se convirtió en presidente del club y empezó a ahorrar. No gastaba nada. El descenso de 1985 fue consecuencia de no gastar en el equipo».

A mediados de los años ochenta Volkswagen (VW) había decidido invertir más dinero en el fútbol y prepararon un gran acuerdo de patrocinio con el Braunschweig. El Eintracht estaba sufriendo en el campo, pero tenía una masa social importante, además, había una fábrica VW en la ciudad. Sería tanto un gesto a la comunidad como una oportunidad financiera. Pero Günter Mast, presidente del Braunschweig, rechazó el acuerdo porque temía que lo iban a reemplazar por el director laboral de VW, Karl-Heinz Briam.

VW sabía que el Braunschweig era el club más popular de la región, pero con un presidente en contra era imposible. Así que el dinero que iba a invertir en el Eintracht lo acabó recibiendo el VfL Wolfsburgo, y el Braunschweig permaneció fuera de la Bundesliga durante casi tres décadas. «Es una de las razones principales de por qu*é el* Wolfsburgo compite en la Bundesliga ahora y nosotros hemos pasado tanto tiempo en Tercera», dice Stiekel.

Al menos el pueblo nunca abandonó al equipo. En los años noventa había un bajón general de asistencias por toda Europa, pero a finales de los noventa y principios del 2000 el Eintracht Braunschweig tenía entre 15.000 y 20.000 aficionados en el estadio. Para Sebastian el peor día no fue el del descenso a Segunda en 1985, sino en 2007. «Jugamos contra el segundo equipo del VfL Wolfsburg en Tercera», recuerda. «Hubo 18.000 aficionados en el campo, 16.000 eran del Eintracht Braunschweig. Perdimos 2-3».

El campeón de la Bundesliga de 1967 sigue en Segunda por el momento, pero con más de 20.000 aficionados en el estadio para ese primer partido en casa de la nueva temporada. Añade Gersdorff: «El amor y la lealtad al club son la máxima prioridad de los seguidores del Eintracht Braunschweig. Esto se aplica tanto en los buenos como en los malos momentos. ¡Juntos somos fuertes! Una vez que eres un "León" del Eintracht, lo serás para siempre».

Si la odisea a Segunda y más allá fue dura para el Eintracht, no fue más fácil para el HSV. No llegó a pisar Tercera pero la caída fue dura. En 1983 se coronó campeón de Europa, en 2018 descendió por primera vez a Segunda. En 2001, el Hamburgo SV se convirtió en el primer club alemán en vender el nombre de su estadio y de 2003 a 2011 estaba siempre entre los primeros ocho puestos. Sin embargo, en la segunda década del nuevo siglo no les iba nada bien y su descenso en 2018 fue la crónica de una muerte anunciada.

Dos veces el club había flirteado con el descenso. En 2014 y 2015 ganó el *play-off* de ascenso/descenso contra el Greuther Fürth y el Karlsruher SC. Puede que ya en 2009 los presagios indicaran que la suerte del HSV estaba cambiando. En un partido de vuelta de semifinales de la Copa de la UEFA perdió un partido contra el Werder Bremen por un *papierkugel* («una bola de papel»).

El HSV había ganado el partido de ida 1-0 y empezó

bien el partido de vuelta en casa. Se adelantó con un gol de Ivica Olić, pero Diego Ribas, quien más tarde jugó en el Atlético de Madrid, empató antes del descanso. En el minuto 66 Claudio Pizarro dio la vuelta al partido marcando el 1-2 para el Bremen. El HSV tenía que marcar para no perder el partido por la regla de goles fuera de casa, pero sucedió algo inédito. El central danés del HSV Michael Gravgaard intentó jugar el balón con su portero Frank Rost. No había ningún rival cerca, pero sí estaba una pelota de papel (el famoso *papierkugel*) que algún aficionado había arrugado y lanzado al campo. El balón jugado por Gravgaard golpeó en la pelota de papel y luego en la espinilla del jugador del HSV y salió desviado para un córner. Del saque de esquina, Frank Baumann marcó el 3-1 para el Bremen.

Olić logró marcar uno más para su equipo, pero gracias a la bola de papel, el Bremen pasó a la final con una victoria por 3-2. Los aficionados del Bremen siguen utilizando a menudo la bola de papel como provocación a los hinchas del HSV. La original se encuentra en el museo del Werder.

Solo son 100 kilómetros entre la ciudad de Bremen y la de Hamburgo. La rivalidad estaba a tope aquel año porque también se enfrentaron en las semifinales de la Copa DFB-Pokal. Había cuatro «Nordderby» en 19 días. Werder ganó el partido de la liga, de la Copa, y gracias al balón de papel, pasó también en la UEFA.

Alex von Eitzen nació en Hamburgo y ha sido seguidor del club toda su vida. Estaba en el estadio en las tres derrotas contra Bremen, del partido del *papierkugel*, explica a los autores de este libro: «Lo peor es que ¡fue un hincha del Hamburgo quien la lanzó! El papel se había utilizado para un mosaico antes del partido».

Entre el drama de la bola de papel y el descenso en 2018 hubo poca alegría para los aficionados. Alex habla con entusiasmo sobre la llegada de Rafael van der Vaart en 2005 pero en 2008 ya se había ido al Real Madrid. Ruud van Nistelrooy llegó procedente del Real Madrid en 2009 y su llegada emocionó a la afición, pero marcó solo 12 goles en dos temporadas.

El multimillonario de la logística Klaus-Michael Kühne invirtió mucho dinero a lo largo de los años. Es un verdadero aficionado del club Y gastó mucho dinero queriendo ver buenos resultados tanto en el campo como en las cuentas. Pero por una lucha constante de poder en la junta y una falta de estabilidad en el banquillo la inversión nunca tuvo ese éxito deseado. Esa inestabilidad se vio en 2018. Tres entrenadores distintos intentaron evitar lo que, en la última jornada, era casi inevitable. El Hamburgo SV tenía que ganar al Borussia Mönchengladbach y esperar que el FC Köln ganara al Wolfsburgo. El Hamburgo ganó por 2-1 pero el FC Köln, ya descendido, no pudo derrotar al Wolfsburgo. Perdió por 4-1 a pesar de la promesa de los aficionados del Hamburgo SV de enviar a los hinchas de FC Köln unos cuantos barriles de cerveza si el equipo conseguía la victoria.

Alex asistió a ese triste e histórico día para el club. Dice: «La noticia de que el Wolfsburgo había marcado en el primer minuto nos desanimó un poquito. Necesitamos un milagro y cada vez estaba más claro que no iba a ocurrir. Pero a falta de unos 10 minutos del final ocurrió algo que todavía me pone la piel de gallina cuando hablo de ello. El equipo estaba a punto de descender, pero todo el estadio se puso en pie y cantó una canción sobre su amor por el Hamburgo. Es una canción que originalmente hablaba de la ciudad, pero que ahora se asocia con el club. Hoy en día suena en el estadio. En los últimos minutos de la última jornada todo el estadio la cantaba. Así nos despedimos de la Bundesliga».

Se pudo escuchar la canción *Mein Hamburg lieb ich sehr* («Quiero mucho a mi Hamburgo») del grupo local Abschlach cantada por 57.000 aficionados. «Es una pena que lo que más se recuerda de ese día es lo que pasó después», dice Alex.

El entonces presidente del Eintracht y fundador de Jägermeister, Günter Mast, entregando las primeras camisetas con el logotipo en el pecho a los jugadores en 1973. El patrocinio de la marca ayudó a sanar las cuentas del club. (c) Eintracht

Bernd Gersdorff con una camiseta retro del Eintracht del año pasado. (c) Eintracht.

Cartel del partido entre el Eintracht Braunschweig y la Juventus de Turín el 20 de marzo de 1968 en el Estadio Wankdorf de Berna, en los cuartos de final de la Copa de Europa 1967/68. (c) Monstourz/Wikimedia.

Los ultras de la curva norte lanzaron bengalas hacía la portería. Hubo un incendio y el partido se suspendió durante unos minutos. «Yo estaba en ese fondo del campo», dice Alex. «Es una lástima que esta sea la imagen duradera y que no haya tanta gente que recuerde el momento increíble anterior cuando todos cantamos».

Ahora Alex es padre y lleva a sus niños a jugar al fútbol los fines de semana, así que no siempre puede ir al Volksparkstadion. «No es porque estemos en Segunda», dice. «Quiero que volvamos, claro, pero por un lado la Segunda es la buena liga. Hay muchos grandes equipos en Segunda. Han pasado jornadas en que mis hijos han querido ir y no he podido conseguir entradas».

El descenso del FC Köln ocurrió en el mismo año que el del Hamburgo SV; no fue tan dramático porque era su sexto descenso después de bajar por primera vez en 1998. El

FC Köln ganó su primera Bundesliga en 1964, y la ganó de nuevo en 1978 cuando el periodista Thomas Lötz tenía 12 años. Lo recuerda muy bien: «El título lo ganamos por golaveraje», dice a los autores de este libro. «Estábamos empatados con el Borussia Mönchengladbach y ganamos en la última jornada al St. Pauli por 5-0. Y menos mal que ganamos por tantos goles porque el Borussia Mönchengladbach ganó por ¡12-0! al Borussia Dortmund. Si no hubiéramos ganado la liga la gente hubiera dicho que algo olía mal. Creo que el Dortmund jugó con su segundo portero. Algunos de los goles encajados fueron un poco ridículos».

A Thomas —quien ahora es un fanático del FC Köln en el exilio, viviendo en Hamburgo— le tocó experimentar en su juventud una gran época para su equipo. El FC Köln llegó a las semifinales de la Copa de Europa frente al Nottingham Forest en la temporada 1978-79. «Recuerdo que pedí a mis padres no ir a la cama y que me dejaran ver los resúmenes del partido de la ida por la televisión. Sacamos un 3-3 en el City Ground del Forest. Luego pedí que mi padre me llevara al partido de la vuelta. Con la regla de los goles fuera de casa, pensábamos que llegaríamos a la final, pero el Forest ganó 1-0 en la vuelta». Había 60.000 en el Müngersdorfer Stadion (como era conocido entonces) esa noche. Lo increíble es que, en el RheinEnergieStadion, con un aforo menor, siguen asistiendo 50.000 y no para ver partidos de Champions, sino de Bundesliga 2.

El ambiente quizás no es el mismo. «No es el fútbol con el que crecí», dice Thomas. «Pero sigue teniendo un ambiente muy especial, sobre todo con 50.000 voces cantando la canción folclórica escocesa *Loch Lomond* con la letra cambiada para que hable sobre el amor por el FC Köln».

A la pregunta: por qué hay tantos grandes en Segunda, Alex tiene una respuesta bastante astuta. Su teoría es que la inestabilidad en los banquillos muchas veces está generada por los fans de los grandes clubes. «Si tenemos un punto después de cuatro partidos jugados pensamos que tenemos que echar el entrenador sí o sí. ¡Es hilarante!». En cambio, en algunos de los clubes pequeños de Primera, esa presión no existe. Su teoría es que los grandes clubes tropiezan con su propio deseo de volver a la gran liga. El FC Köln tiene más de 120.000 socios. Eso es mucha presión, que no existe en clubes pequeños de Primera como el 1899 Hoffenheim o el FC Heidenheim 1846.

El FC Köln es el cuarto club más grande en Alemania y en la Bundesliga histórica está en novena lugar. El FC Nürnberg está decimocuarto en esa tabla histórica y también sigue llenando su estadio. Ganó la liga en 1968 y solo un año después descendió a Segunda para pasar una década fuera de Primera. Salvo por una copa DFB-Pokal en 2007 no ha ganado nada, pero da igual, los aficionados no han dado la espalda al equipo. Acudieron 49.923 al primer partido de Nürnberg de la temporada 2024-25 en el Max-Morlock-Stadion. Asistieron a una victoria por 3-1 al Schalke. Este gran Schalke no es un excampeón de la Bundesliga, pero sí es un grande en cuanto a afición. En su primer partido de la temporada 2024-25 tuvo 60.534 en el campo.

Otra asistencia impresionante de la primera jornada de la temporada 2024-25 fue en Kaiserslautern donde hubo más de 40.000 aficionados en el Fritz-Walter-Stadion. Solo ha ganado la Bundesliga dos veces, en 1991 y 1998, y no ha pisado primera desde 2012 pero aún cuentan con 28.000 abonados.

La Segunda División en Alemania no es una pesadilla para estos clubes. Y es el sueño para algún otro como el 1860 M*ú*nich. De los que han sido campeones de la Bundesliga es el único que no está ni en Primera ni Segunda. Todo en el fútbol es relativo. El aficionado de un equipo grande se queja cuando su club no gana nada. Otro se puede quejar de no jugar en Primera, pero luego están los fans que no se quejan de nada porque nadie los escucha. Están demasiado lejos. El FC Nürnberg, el FC Köln, el Hamburgo SV, el Eintracht Braunschweig, el Kaiserslautern, todos han vivido mejores tiempos, pero ninguno de ellos quisiera cambiar de lugar con el 1860.

Florian Haupt, un periodista alemán que escribe para *Der Spiegel* creció viendo a su equipo en Tercera división, donde sigue al inicio de la temporada 2024-25. «Fue divertido», dice a los autores de este libro. «El 1860 Múnich en los años sesenta era el club más grande de la ciudad. Cuando yo era joven, en los años ochenta, esto había cambiado un poco, pero en la ciudad, el 1860 Múnich todavía tenía más aficionados que el Bayern, mientras el Bayern tenía más aficionados de fuera de la ciudad. Crecer en Múnich, cuando lo hice yo, no era nada fuera de lo común ser aficionado del 1860».

> «Cuando iba al estadio estábamos en una liga solo para los equipos de Baviera. Pasamos muchos años en ese nivel. La afición nunca fallaba, pero los gestores del club sí. Pero si es tu club, es tu club para siempre y no lo dejas de seguir y de apoyar. Para algunos existe, incluso, una atracción morbosa por el equipo cuando está especialmente mal gestionado. Los aficionados buscan otra medida de éxito aparte de la posición en la clasificación para justificar y racionalizar su apoyo al club. El orgullo que tienes, está en la historia de tu club y el hecho de que no haya aficionados "plásticos"».

Incluso, argumenta que hay ciertas ventajas de jugar en tercera. «Los estadios son muy familiares», dice. «Puedes ponerte más o menos donde quieras. Estás cerca de los jugadores. Hay contacto entre los jugadores y los jóvenes que pueden buscar sus autógrafos. También los niños pueden recoger latas vacías después del partido y el club les da dinero a cambio. Todo tiene un aire del viejo fútbol. Por eso la gente sigue yendo a los estadios. Al menos en el caso del 1860 hay cosas que compensan que no esté de la Bundesliga».

El Grünwalder Stadion suele tener 15.000 aficionados en la actualidad, porque no caben más. Por lo que es difícil conseguir entradas. «Yo he estado en el viejo estadio cuando tenía un aforo de 30.000», recuerda Florian. «Iba a ver al equipo jugar fuera de casa cuando tenía 12 años y eran pueblos de Baviera. Podrías llegar 10 minutos antes del partido en bicicleta, comprar una entrada y ver el partido. Recuerdo un partido que ganamos 6-1 contra el *F*ürth y había como 31.000 en el campo. Hoy en día estaría prohibido tanta gente. Nos agarrábamos a otros aficionados para no caernos de lo alto de la grada. Ganamos ese partido para pasar al *play-off* de ascenso. ¡Claro que el *play-off* lo perdimos! Pero estos recuerdos son la gran recompensa para los aficionados. Hay muchas maneras de disfrutar de este deporte si no fuera así, todo el mundo quisiera ser del Bayern».

Es una cosa muy especial del fútbol alemán que cada aficionado tenga su equipo y sea para toda la vida. Si su club baja, nadie se consuela simplemente dando su apoyo a un grande como puede pasar en otras culturas futbolísticas. Salvo los muchos que son aficionados del Bayern, nadie quiere «ser del Bayern» simplemente porque su propio equipo vaya mal. Cada uno tiene su club. Y de los 13 clubes que tienen al menos un Meisterschale, seis de estos 13, por el momento, no están en la Bundesliga. Pero por su tradición, su historia y sus aficionados, un campeón sigue siendo un campeón.

17.
El matón de la Mannschaft

Harald «Toni» Schumacher escribió una de las autobiografías más polémicas de la historia del fútbol alemán. Como jugador ganó trofeos con FC Köln y Borussia Dortmund, y entrenó al SC Fortuna Köln. Pero siempre será recordado por su entrada que pareció un asalto a Patrick Battiston en Sevilla en la Copa del Mundo el 8 de julio de 1982. © Raimond Spekkin/Wikimedia

Ha llegado el momento de hablar de la agresión más fea y más vergonzosa infligida por un futbolista profesional a otro a lo largo de la historia de nuestro bonito deporte. La cometió un portero alemán sobre un francés en la fase crucial de una semifinal de la Copa del Mundo, a última hora de una noche calurosa en Sevilla.

Este portero alemán vivió en un torbellino de polémicas durante casi toda su carrera. Era el «chico malo» de la Bundesliga. Su autobiografía alude al dopaje generalizado en el fútbol alemán y le valió la expulsión tanto de su club como de la selección nacional. Después de retirarse como jugador, se convirtió en entrenador y fue el primero en la historia de la competición en ser destituido en el descanso de un partido, echado por un presidente que era incluso más escandaloso que él. Ha sido el denunciante, el despedido y el difamado, pero empecemos en Sevilla, donde fue simplemente un matón. Un matón impenitente.

Su nombre completo es Harald Anton Schumacher, pero lo conocerás mejor por «Toni». Si viste aquella semifinal del Mundial entre Francia y Alemania, en Sevilla, su momento de infamia aún estará grabado en tu memoria. Si no es así, y aún no has visto el cobarde ataque de Schumacher, ve a YouTube ahora mismo y míralo para comprender plenamente la fealdad premeditada del momento que transformó a un portero exitoso y talentoso en posiblemente uno de los más odiados futbolistas de todos los tiempos.

¿Lo has hecho? Bien. Seguimos.

Alemania Federal no había jugado una final de Mundial en 16 años y no había ganado ninguna en 28. Se enfrentaron a Francia en una semifinal, en el Ramón Sánchez Pizjuán el jueves 8 de julio de 1982 con ansia de gloria, y un deseo potentemente mezclado con una crueldad absoluta.

Antes de decir más sobre el contexto, describamos el acto delictivo.

A las 22:15 de aquella noche abrasadora, con una temperatura que seguía superando los 33 °C, el defensa francés Patrick Battiston yacía inconsciente sobre el terreno de juego, con tres dientes destrozados, dos costillas rotas y vértebras de la espalda dañadas. Y, sin que todo el mundo lo supiera en el momento inmediatamente después de la brutal agresión de Schumacher al joven de 25 años, Battiston estaba incluso coqueteando con la muerte. Necesitaría recibir oxígeno de emergencia a través de una máscara y Michel Platini admitió más tarde que pensó que su compañero de equipo esa noche estaba muerto porque según el capitán francés, «no tenía pulso y estaba pálido».

Todo comenzó justo cuando el reloj marcaba 59 minutos con Battiston corriendo, sin marca, hacia la portería, con la garantía de alcanzar al balón antes que el portero alemán Schumacher decidió que el balón era menos importante que expresar su furia y dañar a su rival. Admitirá en su autobiografía de 1987 (de la que tendremos que hablar más tarde) que sufre de «¡una fuerte aversión a la humillación!». La evidencia fue clara esa noche. El salto del alemán, mostrando total indiferencia hacia dónde iba el balón, significó que su cadera se estrellaba contra la caja torácica de Battiston. El codo y el antebrazo de Schumacher chocaron contra la cara del francés.

Compórtate así en la calle y cualquier tribunal te declararía culpable de agresión. La cárcel sería el resultado inevitable. Estamos hablando de uno de los momentos más vergonzosos de la historia del fútbol profesional.

Podemos hablar de la «competencia» del árbitro y sus asistentes. Hablaremos del daño sufrido por Battiston, además de las notables consecuencias políticas internacionales. Pero primero volvemos al contexto.

Los éxitos de Schumacher en su club, el FC Köln, fueron suficientes para mantenerlo como el destacado número 1 de la Mannschaft a medida que se acercaba el Mundial de 1982. Pero hubo problemas. Schumacher estaba tan disgustado con el comportamiento de sus compañeros de equipo en la preparación del torneo e intentó abandonar la organización alemana antes de que comenzara el Mundial. Creía firmemente que estaban festejando demasiado y entrenando de manera descuidada.

El seleccionador Jupp Derwall convenció a Schumacher para que se quedara en Asturias, donde Alemania tenía su campo de entrenamiento. El portero jugó durante la fase de grupos, en la que la Mannschaft se deshonró a sí misma y al torneo. Su primer rival del grupo fue Argelia. Aunque los «Zorros del Desierto» fueron derrotados finalistas y luego semifinalistas de las dos Copas Africanas de Naciones anteriores (1980 y 1982), todo el mundo imaginaba que los vigentes campeones de Europa (inspirados por el gran Bernd Schuster en 1980) ganarían fácilmente a los norteafricanos. Sobre todo, porque ningún equipo africano había derrotado jamás a un equipo europeo en el fútbol internacional.

Sin embargo, El Molinón fue testigo de algo extraordinario. Inspirada por el poderoso Rabah Madjer, Argelia derrotó a Alemania Federal por 2-1, mereciendo plenamente su lugar en la historia. Era la mayor sorpresa en la historia de los Mundiales, mayor aún que la victoria de Corea del Norte sobre Italia durante el Mundial de 1966. En aquel entonces, a Italia le arrojaron tomates podridos cuando regresó a Roma, y los avergonzados futbolistas de Alemania Federal fueron tratados de una manera parecida por los enojados aficionados que les esperaron afuera del hotel del equipo.

Este era precisamente el tipo de resultado que Schumacher había temido mientras observaba las travesuras nocturnas de sus compañeros de equipo. Argelia perdió su siguiente partido ante Austria. Alemania Federal venció a Chile y eso significaba que la clasificación del grupo se decidiría en la última ronda de partidos. Lamentablemente entonces las reglas eran diferentes y los partidos decisivos del grupo 2 no se jugaban al mismo tiempo. De hecho, comenzaron con 24 horas de diferencia.

Argelia venció a Chile por 3-2 el 24 de junio. La Mannschaft afrontó su último partido de la fase de grupos contra su vecina Austria el 25 de junio, sabiendo ambos equipos, que si Alemania ganaba por no más que dos goles, los dos equipos «germanos» pasarían de ronda y Argelia quedaría eliminada. Si el resultado del partido fue o no un amaño es algo que puedes determinar tú mismo. Lo que sí es cierto es que, a partir de ese momento, la FIFA se aseguró de que todos los partidos decisivos de grupo se jugaran simultáneamente.

Después del gol tempranero de Alemania Federal, los equipos se burlaron del fútbol competitivo, hasta el punto de que en la cobertura en vivo en ambos países los comentaristas decían a sus telespectadores: «Esto es una vergüenza. Les insto a que se vayan y vean otra cosa».

Los aficionados argelinos en el estadio mostraron billetes en el aire para expresar su convicción de que Austria había sido comprado. El diario local de Gijón *El Comercio* colocó la crónica del partido en la sección de noticias, no de deportes, con el titular: «Una estafa delante de 40.000 aficionados».

Argelia quedó eliminada y Alemania Federal pasó a una segunda fase de grupo. Ahí jugó contra Inglaterra y contra los anfitriones España, y se clasificó para la semifinal contra Francia. Sobre el vergonzoso partido entre Alemania y Austria, Schumacher escribió en su autobiografía: «Ese resultado benefició tanto a Austria como a Alemania, me refiero a los 22 jugadores que pasearon mayoritariamente por el campo durante 90 minutos. Tengo que admitir que estaba avergonzado». No por nada en esa fatídica semifinal, todo el mundo fuera de Alemania Federal, incluidos algunos dentro de Alemania, querían que ganara Francia. Alemania era el equipo más despreciado del planeta y lo sabían.

Dado que la semifinal se convirtió en uno de los partidos más emocionantes e icónicos de todos los tiempos, resulta extraño describir los dos primeros goles como meros detalles. Pero eso es lo que fueron. Alemania Federal marcó primero por Pierre Littbarski. Platini empató de penalti nueve minutos después. El partido había sido interesante y abierto. El juego fluyó, pero el temperamento de Schumacher estaba ya hirviendo y a punto de estallar. Ya se había enfrentado a Platini, y a Didier Six, y cuando un disparo pasó por encima de su portería se produjo un retraso cuando los aficionados, de lo que parecía ser la sección francesa, se negaron a devolver el balón. En el momento en que lo hicieron, Schumacher se enfureció y atrapó la pelota y amagó a lanzarla agresivamente a sus caras. Luego un espectador lanzó una botella al volátil portero. Así estaba el humor de Schumacher cuando él vio que Battiston avanzaba hacía su área.

La jugada comenzó cuando Maxime Bossis ganó la posesión en el centro del campo y sirvió el balón al francés Leonardo da Vinci con botas: Platini. El visionario número 10 dio un pase magistral entre los defensores centrales de Alemania Federal para que Battiston, que solo lleva nueve minutos en el campo, corriera hacia el balón y hacia Schumacher. Luego vino el choque y aquí hay que tomar en cuenta la disparidad de tamaño entre los dos hombres: fue un tornado contra una brisa.

Se ve claramente en la repetición que hay un momento cuando el portero se da cuenta de que no ha calculado bien la trayectoria del balón. Se da cuenta de que Battiston llegará primero y, mentalmente, se compromete a simplemente dañar al francés tanto como sea posible. Tiene tiempo de alejar su cuerpo de Battiston, pero prefiere girar el antebrazo, el codo y la cadera, a gran velocidad, directamente hacia el cuerpo del defensor del Saint-Étienne.

Dos hombres que se convertirán en participantes activos de este drama, el árbitro Charles Corver y su juez de línea Bob Valentine, o se comportan como meros espectadores y solo miran al balón, o son cómplices del horror de lo que sucede. Aunque la atención de todo el estadio se centró en el remate delicado de Battiston flotando uno o dos centímetros más allá del poste izquierdo de la portería, la atención de todos debería haberse centrado en la delicadeza, la fragilidad, de la posición de Battiston cuando Schumacher chocó contra él.

El francés no está ni físicamente ni mentalmente preparado para lo que va a suceder, no puede realizar ninguna acción evasiva y en una fracción de segundo está inconsciente en la superficie, con la boca ensangrentada, los dientes tirados a su alrededor, las costillas fracturadas y las vértebras gravemente dañadas. El árbitro Corver, quien recibe una puntuación de 9,5 sobre 10 por parte del evaluador de árbitros ruso, ni pita penalti ni expulsa a Schumacher. ¿La peor decisión en un partido importante jamás tomada? Pues muy probablemente sí.

Jean Tigana diría más tarde al diario francés *Nice-Matin*: «Jugué casi 500 partidos en mi carrera, pero solo hay uno donde puedo nombrar el lugar, la fecha y sobre todo el árbitro». «Este señor, Corver, tuvo un desempeño muy por debajo del promedio. Durante los 120 minutos, charlaba en alemán con Schumacher y el resto de su equipo».

Exactamente doce años y un día después, Mauro Tassotti le dio, a propósito, un codazo en la nariz a Luis Enrique y se convirtió en posiblemente el segundo momento de violencia más repugnante en la historia del Mundial. Esa noche en Boston, el árbitro húngaro, Sándor Puhl, fue igualmente ineficaz y cobarde, pero debido a la mayor propagación de los medios globales en 1994, las imágenes del rostro destrozado y ensangrentado de Luis Enrique rápidamente se difundieron por todo el mundo, y así se hizo justicia retrospectiva sobre el matón italiano. Un tribunal Disciplinario de la FIFA, reunido inmediatamente, impuso a Tassotti una suspensión de ocho partidos. Según los estándares actuales, si un comité disciplinario hubiera tenido que juzgar a Schumacher, el alemán no habría vuelto a jugar al fútbol. Así de grave fue.

Mientras Battiston seguía en el suelo, perdiendo y recuperando la conciencia, y a unos 20 minutos de caer en un coma, que ponía en peligro su vida, solamente Platini parecía darse cuenta de la desesperada urgencia de la situación. Schumacher, aumentaba su infamia dando toquecitos al balón mientras gesticulaba para que Battiston se levantara y dejara de «fingir», sin hacer ningún esfuerzo por determinar si el daño que le había hecho a su rival había sido grave o no.

Cuatro años antes de su fallecimiento, en 2020, el árbitro holandés Corver contó a la revista *SoFoot*: «Schumacher estaba muy nervioso. Su comportamiento fue extremadamente cuestionable porque cuando ocurrió el incidente, no vino a Battiston para disculparse ni siquiera para ver cómo estaba el francés. Me dijo: "¡Yo no hice nada, no es mi culpa!"». También comentó que cuando Schumacher chocó contra Battiston, «corrí hacia mi asistente (Bob Valentine), quien me dijo: "¡No había ninguna intención!". ¿Qué podía hacer si no había visto nada? Si hubiera existido una forma de videoarbitraje en 1982 podría haber tomado la decisión correcta».

Es tanto por estos momentos fríos y despiadados como por el asalto mismo, que Schumacher recibió críticas de los medios franceses sobre las que se quejó incluso años después. Dijo a *Kicker*: «Me han comparado con los guardias de los campos de concentración de Dachau y Auschwitz, que mataron a cientos de miles de personas». Es verdad que en Francia le llamaron «SS Schumacher» y organizaron una encuesta nacional para determinar a quién consideraban sus ciudadanos la persona más odiada: Adolf Hitler ocupó el segundo lugar después del portero alemán.

Parte de los beneficios que produjo el malvado acto de Schumacher, más allá del hecho de que Battiston no participó más en el partido, fue que Francia tenía que utilizar su segundo y último cambio cuando aún quedaba una hora de fútbol en el calor agotador de esa noche andaluza. Por el contrario, Alemania Federal pudo mantener a Karl-Heinz Rummenigge en el banquillo durante mucho más tiempo. Francia se adelantó en el marcador en la prórroga, pero Rummenigge entró en el minuto 97 para marcar y asistir en el empate a tres que llevó el partido a la tanda de penaltis. Tanto Rummenigge como otro substituto Horst Hrubesch marcaron sus penaltis, y Schumacher estaba todavía en el campo para parar los penaltis de Six y Bossis, y enviar a Alemania Federal a la final.

Battiston ya estaba en urgencias. Mientras tanto sus compañeros estaban todavía en el vestuario llorando por la derrota. El seleccionador de Francia, Michel Hidalgo, recordó: «Tuve que obligar a dos de mis jugadores a meterse en la ducha porque tres cuartos de hora después de entrar al vestuario seguían llorando». La selección francesa tardó tanto en abandonar el Ramón Sánchez Pizjuán esa noche que se topó con la Mannschaft que celebraba en el aeropuerto de Sevilla (estaba previsto que los vencedores del partido partieran segundos). Antes de llegar allí, un periodista había informado a Schumacher sobre el daño que le había hecho a Battiston. Él dijo: «Si lo único que te preocupa son sus dientes, pagaré la factura del dentista por sus coronas».

En el aeropuerto algunos intercambiaron insultos, otros hablaron con calma y de una manera deportiva. Pero luego llegó el árbitro y era demasiado para Tigana ver a Corver conversando con algunos de los jugadores de Alemania. A los ojos del mediocampista francés, parecían estar riéndose y bromeando. Fue necesario que un grupo de compañeros de Tigana lo alejaran del holandés. El aeropuerto de Sevilla estuvo al borde de un incidente internacional. El entonces canciller alemán Helmut Schmidt y el presidente francés François Mitterrand hicieron un comunicado de prensa conjunto pidiendo calma.

Al salir del hospital Battiston acordó con Schumacher dar una conferencia de prensa conjunta, pero el francés ni siquiera podía mirar a su agresor y el evento hacía tanto daño como bien. Battiston no regresó a la Ligue 1 hasta octubre de 1982 y no se consideraba totalmente recuperado hasta principios del año siguiente. Cuando por fin regresó a la selección francesa, su siguiente aparición en competición fue en la Eurocopa de 1984, en la que los franceses se impusieron a Dinamarca, Bélgica, Yugoslavia, Portugal y España para ganar el torneo.

Schumacher también prosperó, pero solo después de un periodo en el purgatorio. Le dijo a la revista *FourFourTwo*: «Me preguntaba a veces si con una tarjeta roja podría haberme ahorrado muchos problemas. La reacción podría haber sido menos severa». También admitió: «Sufrí de depresión durante mucho tiempo después de ese verano. He descrito ese periodo como si estuviera siendo acechado por un lobo grande que me gruñía y mordía todo el tiempo».

En el campo tenía éxito. Fue campeón de la Copa de Alemania con el FC Köln, subcampeón del mundo nuevamente en 1986 contra la Argentina de Maradona, campeón de la liga turca con el Fenerbahce, dos veces jugador del año en Turquía, y dos veces jugador del año en Alemania. Quizás hubiera ganado aún más, pero decidió escribir un libro.

En su autobiografía de 1987 *Anpfiff*, que significa «arranque de partido», afirmó que el consumo de drogas era algo común en el fútbol alemán y admitió haber experimentado con captagon para aumentar su resistencia. Decía que algunos de sus compañeros: «No podían imaginar continuar sus carreras sin estas píldoras especiales de alto rendimiento».

Las declaraciones tuvieron repercusiones globales. Un informe de United Press International decía que, en extractos del libro publicado en *Der Spiegel*, Schumacher afirmó que sus compañeros de equipo, antes de un partido importante, consumían grandes cantidades de jarabe para la tos, que contenía un alto contenido de efedrina, una droga utilizada para aliviar la fiebre del heno, asma y congestión nasal. «Mis compañeros y yo no somos en absoluto los únicos que no pudimos resistirnos a los experimentos de dopaje», escribió.

Schumacher solo tenía 32 años cuando escribió *Anpfiff*. Cuando *Der Spiegel* le entrevistó en 2012 con motivo del 25 aniversario de la publicación del libro, la revista no se mordió la lengua con sus preguntas sobre cómo su club, el FC Köln, le expulsó nada más leer el libro. «En su libro, el FC Köln parecía un club amateur y la Bundesliga una farmacia», decía *Der Spiegel* a Schumacher. «Describía a sus colegas como vagos y aludía al alcohol y a las aventuras sexuales. Seguro que se esperaba esa reacción (su despedido), ¿no?».

Schumacher, que en el libro también ha señalado con el dedo a algunos compañeros de equipo por su comportamiento fuera del campo, respondió que solo estaba siendo «honesto» como le había enseñado su madre. Si lo que hizo en Sevilla había provocado un odio fuera de Alemania hacía él, lo que escribió en su libro le hizo muchos enemigos dentro de su propio país. «Como sabemos en Alemania, la gente ama la traición, pero odia a los traidores», contó a *Der Spiegel.*

Después de la publicación de su libro, llegó la presión de arriba de no convocarle más para la Mannschaft. «¿Qué demonios hiciste?», le preguntó su entrenador Franz Beckenbauer. Schumacher argumentó que no había dicho nada al periodista-autor francés Michel Meyer, con quien escribió el libro, que no hubiera dicho antes a las caras de las autoridades del fútbol alemán. Aun así, en marzo de 1987, el presidente de la Federación Alemana de Fútbol (DFB), Hermann Neuberger, dio una rueda de prensa en Fráncfort en la que afirmó que la carrera de Schumacher en la Mannschaft había terminado.

En su defensa Schumacher ha dicho que, en su libro, pedía árbitros profesionales, un cuarto árbitro, dirigentes empresariales en los consejos de administración de los clubes alemanes y análisis de vídeo. Todas son cosas que desde entonces han sido introducidas en Alemania. «Muchas de las cosas que denuncié y sugerí se han materializado», dijo a *Kicker* en 2024. Tres meses después de las acusaciones de dopaje de Schumacher en *Anpfiff*, la DFB también introdujo controles antidopaje en la Bundesliga. Nada de eso lo consoló en 1990 cuando Alemania ganó el mundial y Schumacher lo vio desde su casa en vez de la portería donde pudo haber estado si no hubiera escrito el libro.

Después de dejar el FC Köln, jugó 33 partidos en el Schalke 04 en la temporada 1987-88 cuando el club bajó a Segunda. Luego se fue al Fenerbahce donde aprendió a decir «de nada» en turco a todos los que le daban las gracias por darles un autógrafo. Se convirtió en columnista del diario turco *Hürriyet* y el primer extranjero en capitanear un club de fútbol en Turquía. Fue un héroe allí, pero en contraste recibió cartas de Alemania de exfans molestos por su decisión de jugar fuera de Alemania. Al regresar jugó breves periodos en el Bayern de Múnich y en el Borussia Dortmund y después de retirarse como jugador, trabajó como entrenador de porteros en el Schalke, el Bayern y el Dortmund hasta que en 1998 se convirtió en el nuevo técnico del Fortuna

Köln, un club menor de la ciudad de Colonia con pocos aficionados, pero con un presidente con muchísima personalidad. Demasiada personalidad para Schumacher quien se convirtió en víctima después de años siendo el villano.

El 15 de diciembre, 1999, ese presidente, Jean Löring, destituyó a Schumacher en el descanso de un partido en el que el equipo estaba perdiendo 2-0 contra el SV Waldhof Mannheim. Era un partido importante porque el Fortuna estaba antepenúltimo en la clasificación a dos puntos del Mannheim. Löring había bajado al vestuario en el descanso. La conversación con el entrenador había sido muy breve. Schumacher fue destituido antes del comienzo de la segunda parte. Según el diario de Colonia *Express* Löring le dijo a Schumacher: «Estás arruinando mi club, imbécil». El entonces delantero del Fortuna Toralf Konetzke contó a *Bild*: «Era como una película. El presidente dijo a Toni: No tienes nada más que decir aquí. Y le empujó hacia la puerta». Schumacher pidió a su mujer Jasmin que lo recogiera con el coche y lo llevara a casa. Mientras, el presidente del Fortuna, posiblemente sufriendo por los efectos de unas copas de más, se paseaba por la zona técnica en la segunda parte como entrenador en funciones. El Fortuna acabó perdiendo por 5-1. De la rueda de prensa posterior *Bild* contó: «En la mesa del presidente Löring había una botella del coñac Dujardin, de la que él tomó varias copas. Durante la rueda de prensa, dijo: "Este es el equipo más caro y aun así peor del Fortuna desde el nacimiento de Cristo"».

Schumacher había encontrado en Löring a su rival. Exjugador de la Oberliga y magnate de la construcción, Löring se convirtió en presidente de Fortuna en 1967 y contrató y despidió entrenadores a su antojo. Cinco veces tuvo que ocupar él mismo el puesto de entrenador. Recibió una sanción después de insultar a un árbitro en un partido y se disfrazó como Santa Claus para entrar en el estadio para el siguiente partido y así evitar la sanción. Cuando Hannes Linssen fue su entrenador, todos fueron a España para la pretemporada y después de que los jugadores del Fortuna metieran una cabra en la habitación del hotel de su entrenador en la concentración, como broma, y Linssen la llevó a la habitación del presidente, Löring la llevó al buffet del desayuno para que pudiera devorar el desayuno de los jugadores. Löring luego pagó los daños del comedor. Con él al mando, el Fortuna era un club en donde todos habían aprendido a esperar lo inesperado.

Como presidente, Löring llevó a su club de las ligas inferiores a la Bundesliga en 1973. En 1983 el club llegó a la final de la Copa DFB Pokal, en la que fue derrotado por su vecino, el FC Köln. Casi quebró al final del siglo. Löring vendió sus bienes para salvarlo. Schumacher declaró tras la muerte de su expresidente a causa de un cáncer de colon en 2005: «Su compromiso con el trabajo con jóvenes talentos fue ejemplar. No creo que en ningún otro lugar se haya integrado a tantos hijos de inmigrantes a través del fútbol como en el Fortuna de Jean Löring».

Ese comentario de reconciliación hacia el hombre que le había humillado es típico del Schumacher en sus años de jubilación. Celebró su 70 cumpleaños en 2024 asistiendo al derbi entre «su» club, el FC Köln, y el Bayer Leverkusen, con sus hijos. Con el paso del tiempo el FC Köln le había perdonado por el libro y volvió como vicepresidente durante siete años. Fue destituido en 2019 y no forma parte del Salón de la Fama del club a pesar de que jugó un récord de 541 partidos por el club, pero ahora no existe la tensión de 1987 después de la publicación del libro.

Cuando habló con *Kicker* con motivo de la presentación de la Eurocopa 2024, fue uno de los embajadores de Colonia. Gran parte de la charla giró en torno a la remodelación de su jardín. «Para mí es como meditar», dijo sobre su nuevo pasatiempo. «Me da paz, concentración, miro al río Rin, que pasa junto a nuestra casa, las ardillas corretean por los jardines».

Sigue siendo inevitable que el tema de conversación vuelva, tarde o temprano, a esa noche en Sevilla. Dijo a *Kicker*: «Ese partido lo eclipsó todo. Tanto por el nivel futbolístico como por el dramatismo y la emoción. Mi choque con

Patrick Battiston, el 3-1 en contra, la remontada, la tanda de penales en la que yo, el más malo de todos, acerté dos veces. Fue una montaña rusa de emociones sin precedentes para todos los implicados. No sé cuántos equipos podrían haber logrado lo que estos dos equipos hicieron aquella noche en Sevilla. Fue el partido del siglo».

Compartiendo el mérito por el «partido del siglo» con Francia es lo más generoso que él va a ser sobre el rival de esa noche. Sigue llamando su asalto a Battiston «un choque». Todavía niega los hechos, todavía reclama su inocencia. Sigue sin disculparse.

Ante la pregunta del periodista de *Kicker* Frank Lussem: «¿Haría algo diferente?», limitó su respuesta a: «Estoy agradecido al fútbol por todo lo que he conseguido. Ha sido una gran época».

En parte sí fue una gran época, pero fue una en que él y su selección en general, no hicieron amigos, solo enemigos que querían que perdieran siempre. Ni el equipo de Schumacher de 1982, ni el de 1990, cuando al final ganó su tercer mundial, enamoró a nadie. Y por como en 1982 ese equipo trató a los «Zorros del Desierto» Argelia, y por como Schumacher trató a Battiston, siguen siendo dos manchas en la historia de la Mannschaft.

Queda un capítulo más en este libro sobre los 60 años de la Bundesliga en él saltamos a 2014. Cuando una Mannschaft muy distinta vuelve a ser campeón del mundo. Esta vez lo hace con un encanto que nadie puede resistir. Jugando un fútbol delicioso inspirado por un hombre y un estilo de juego que había conquistado la Liga con el Barcelona, e iba a hacer lo mismo en la Bundesliga con el Bayern de Múnich.

18.
Pep y la nuevo Alemania

Es difícil saber cuándo el Bayern de Múnich alcanzó su mejor momento en la primera temporada de Pep Guardiola, pero podría haber sido en febrero de 2014, en una victoria por 5-0 contra el Eintracht Frankfurt. El entrenador del equipo derrotado, Armin Veh, confió a un periodista después del partido: «Tuve una idea, funcionó bien durante 10 minutos, luego Guardiola hizo algunos gestos con las manos, y perdimos 5-0».

Los niveles de posesión del balón para el Bayern ese día alcanzaron un máximo de 86 por ciento. Fue la victoria consecutiva número cuatro de una racha de 12 en la Bundesliga que llevó al Bayern de Múnich al título más temprano de la historia de la competición. «Es el mejor Bayern que he visto nunca», añadió Veh, palabras que habrán sonado como música a los oídos de Guardiola y de todos los que habían confiado en él al principio de la temporada. Solamente Pep podía haber reemplazado a Jupp Heyckes, quien había ganado un triplete en su última temporada, y aun así subió el listón.

Cuando Guardiola se sentó delante de 250 periodistas en la rueda de prensa de su presentación el 25 de junio de 2013, se sentó en el asiento de un hombre que había ganado todo, ¿cómo iba a igualar algo así? El reto, que era casi imposible, del nuevo entrenador no es un fenómeno nuevo en el fútbol. Algunos lectores de este libro habrán visto la película *Damned United* basada en la novela de David Peace que cuenta lo que pasó en Inglaterra en 1974 cuando el mítico técnico inglés Brian Clough reemplazó al exitoso Don Revie en el Leeds United. Clough dijo a sus nuevos jugadores en su primer entrenamiento: «Podéis tirar vuestras medallas a la basura porque no se han ganado bien». La situación era muy distinta en Sabener Strasse, pero Guardiola tenía algo en común con Clough, había reemplazado a un entrenador muy querido y muy exitoso, ¿cómo iba a convencer a sus jugadores de que podían «ganar mejor»?

La única manera de superar a Heynckes era producir, en las palabras de Veh, el Bayern que mejor juega en la historia del club. Después de esa victoria sobre el Frankfurt, habría 8 victorias consecutivas más y, con la última de estas ocho, Guardiola se convirtió en el primer entrenador en ganar la Bundesliga en el mes de marzo. El Bayern ganó al Hertha 3-1 el 25 de marzo en Berlín, así que tenía una ventaja de 25 puntos sobre el Borussia Dortmund en segundo lugar. Quedaban siete partidos en la temporada. Su ventaja era insuperable. Con 25 victorias y dos empates de los 27 partidos jugados, el Bayern ya era campeón.

Todo empezó con una victoria en casa sobre el Borussia Mönchengladbach. La sombra de Heynckes se alargó sobre el club al principio de la temporada no solo por sus logros en la temporada anterior sino por el hecho de que el primer partido era contra el Gladbach, partido elegido como primero de la temporada en forma de homenaje a Jupp. El Gladbach era el equipo donde Heynckes había brillado como jugador durante 12 años. El Bayern lo ganó por 3-1. Después habría una victoria contra el FC Nürnberg, un empate contra el FC Freiburg, y otra victoria contra el Hannover 96. El equipo no jugó bien en ninguno de los tres partidos y el bajo rendimiento provocó las primeras declaraciones polémicas de Matthias Sammer, director deportivo del Bayern. Dijo que los jugadores estaban en su «zona de confort» y «letárgicos». No fue una crítica a Guardiola, pero sí una intervención pública que Txiki Begiristain, el exdirector deportivo de Barcelona en la época de Pep en el Barça, nunca hubiera pensado hacer. Guardiola podría haberse sentido fácilmente menoscabado, quizás en otro club habría pasado. Pero él sabía dónde estaba. El Bayern es diferente.

Pep estaba acostumbrándose a sus jugadores del Bayern y ellos a él. En los medios alemanes se publicó un titular que decía: «Pep: perfeccionista hasta en el saque de banda». (c) Shutterstock.

Pep estaba acostumbrándose a sus jugadores y ellos a él. En los medios alemanes se publicó un titular que decía: «Pep: perfeccionista hasta en el saque de banda». Se refirió a una rueda de prensa, después de ganar al 1899 Hoffenheim, en la que habló de la necesidad de corregir cosas como si el equipo hubiera perdido el partido. «Tenemos que acostumbrarnos a eso», dijo el presidente Uli Hoeness.

Los jugadores tenían que adaptarse a las demandas del nuevo entrenador en lo táctico también. Bajo los órdenes de Heynckes la línea defensiva estaba en promedio, a 36 metros de su propia portería. Con Pep los defensas tenían que defender unos siete metros más arriba, todo era diferente.

Los jugadores aprendieron rápido y pronto y consiguieron una ventaja decisiva. Una victoria sobre Stuttgart al final de enero, gracias a un gol de Thiago Alcántara en el último minuto, dejó al Bayern a diez puntos por encima del Bayer Leverkusen en segundo lugar. Estaba en buen camino de ganar la liga más pronto que cualquier equipo en la historia de la competición. En los partidos había periodos largos en que el rival no salía de su campo o en que el portero Manuel Neuer casi no tocó el balón. El dominio a la oposición era brutal y como ya era previsible celebró la Bundesliga antes de la primavera alemana.

Ganar la Bundesliga había sido el objetivo principal cuando Guardiola llegó, pero ganarla tan pronto provocó una relajación en sus jugadores que, combinada con una mala decisión del entrenador catalán, significó que no lograrían el segundo objetivo: la Champions. El aviso de que podrían tropezar en Europa vino 10 días antes de la semifinal contra el Real Madrid. Guardiola perdió un partido en casa 3-0 por primera vez en su carrera. Fue el Borussia Dortmund de Jürgen Klopp el que les ganó en el Allianz Arena. Algo peor estaba por venir. De nuevo en su propio estadio, en la vuelta de la semifinal de la Liga de Campeones contra el Real Madrid, el equipo encajó cuatro en la peor noche de la carrera de su entrenador.

Después de perder la ida por 1-0 en el Santiago Bernabéu los exjugadores, los pesos pesados del club, opinaban en todos los medios que el Bayern no había sido fiel a sí mismo. El Bayern había dominado la posesión del balón llegando al 80 por ciento en algunos momentos del partido. Había tenido la precisión en el pase al 94 por ciento y había tenido más disparos a portería que el Madrid, pero no le sirvió para nada. La leyenda más grande del club, Franz Beckenbauer, declaró: «La posesión no tiene sentido si regalas ocasiones de gol. Podemos estar contentos de que el Madrid solo nos marcara un gol».

Ese sentimiento de que «el Bayern no había sido el Bayern» en el primer partido fermentó en los días previos al segundo partido. Guardiola formuló un plan nada más terminar el primer partido, pero lo cambió, quizás en respuesta a la llamada a las armas de las voces del club. Estudiando la derrota en el Santiago Bernabéu inmediatamente después, él decidió jugar la vuelta con un 3-4-3. La idea era dominar el medio campo y ganar al Madrid de la misma manera que había ganado a casi todos sus rivales en la Bundesliga. Pero renunció a su filosofía para ceder paso al instinto muniqués de los exjugadores, de los jugadores actuales, de la prensa y del pueblo. Ellos exigieron, si no literalmente, al menos implícitamente, un planteamiento a ultranza. Guardiola tiró a la basura sus planes de un 3-4-3 para jugar con 4-2-4.

Hubo momentos en su época en el Barça como entrenador cuando parecía que su objetivo era jugar con 11 mediocampistas en el campo. Sin embargo, en su partido más importante desde que llegara al Bayern, estaba jugando con solo dos centrocampistas y con Philipp Lahm, quien mejor había controlado el mediocampo desde convertirse de lateral a pivote, a su antigua posición de lateral. El Real Madrid firmó el mejor partido de su historia contra el Bayern, marcando a placer con casi cada ataque. Guardiola se echó toda la culpa después de la pesadilla del 0-4. Le sirvió de advertencia para que no se doblegara ante el deseo de los demás en Múnich, nunca más.

Hay gente que cree que tener un plan B es importante por si falla el plan A. Hay otros que creen que el plan B distrae del plan A y que es mucho más productivo poner toda su energía en un plan A único. Guardiola nunca más tomaría refugio en el plan B. Cuenta Marti Perarnau en su libro *Herr Pep* que Guardiola habló con Lahm durante una hora, después del entrenamiento en la semana siguiente después de la derrota y le insistió que necesitaba atrincherarse aún más en sus ideas. Había decidido que su estilo tenía que ser aún más puro, no más diluido. Guardiola contó a Perarnau, quien era su biógrafo durante esa primera temporada, que no podía enseñar a sus jugadores algo en lo que realmente no cree. Y cree más que nada en el juego posicional, en avanzar en bloque, en jugar cerca del área del rival, en todas las ideas con las que ganó la Bundesliga.

A pesar del devastador resultado de esa noche contra el Real Madrid, Guardiola se recuperó. Habría dos temporadas más de gloria antes de salir de Alemania camino al Manchester City y antes del comienzo de la siguiente temporada varios de sus jugadores ganaría dos trofeos más. El Bayern ganó la Copa DFB Pokal contra el Borussia Dortmund y siete de los jugadores del Bayern ganaron el mundial en Brasil con la Mannschaft, jugando con un estilo de fútbol más parecido al campeón liguero que al fútbol de la selección alemana del capítulo anterior.

Primero vino la copa nacional. La derrota en liga por 3-0 contra el Dortmund de Klopp sirvió como un aviso al Bayern. Parecía que el BVB iba a por ellos, pero los temores no se hicieron realidad ni en la final ni en la siguiente temporada cuando el equipo de Guardiola acabó con 33 puntos más que el Dortmund.

Los que hubieran podido ser los partidos que destruyeran a Guardiola, el 4-0 contra el Madrid y la 3-0 contra el Dortmund, le hicieron más fuerte en su determinación de hacer todo a su manera. En la final de la DFB Pokal reinstaló a Lahm al mediocampo y volvió a un 3-4-3. Lahm tuvo que retirarse por lesión después de media hora, pero la idea táctica no cambió a pesar de que Pep también tenía a Thiago y Schweinsteiger lesionados y tuvo que poner a Franck Ribéry en el doble pivote a lado de Kroos. El equipo ganó al Dortmund por 2-0 después de una prórroga.

Después de aquella derrota contra el Real Madrid en la Copa de Europa, Karl-Heinz Rummenigge dijo a Perarnau: «Creo que (Guardiola) puede ayudar a cambiar la cultura futbolística alemana». Respondió Perarnau que los jugadores alemanes eran los que mejor se habían adaptado a las ideas de Guardiola. No había mejor demostración de eso que el hecho de que Lahm, Toni Kroos, Jérôme Boateng, Neuer y Bastian Schweinsteiger, más Götze quien marcó el gol de la victoria en la final contra Argentina, fueron protagonistas cuando Alemania ganó el mundial.

El eje de la revolución del Bayern de Guardiola, y de la revolución de la Mannschaft bajo los órdenes de Joachim Löw, fue Lahm. Semifinal de la Copa DFB Cup entre el Borussia Gladbach y el FC Bayern Munich, 21 de marzo de 2012. © Shutter.

El eje de la revolución del Bayern de Guardiola, y de la revolución de la Mannschaft bajo los órdenes de Joachim Löw, fue Lahm. Quizás nadie se volcó más por trabajar con Guardiola que él. El lateral se convirtió en un mediocampista de contención de clase mundial. Seis jugadores del Bayern de Pep fueron titulares en la final de la Copa del Mundo, ganado 1-0 contra Argentina y los seis también jugaron desde el principio contra Brasil en una semifinal histórica que acabó 7-1 en favor de la selección alemana.

Guardiola llevaba un par de años en el Barça cuando la selección española, con seis jugadores del Barça, ganó el mundial en 2010. En solo seis meses, una vez más, jugadores entrenados por él habían ganado el premio más grande en el fútbol. Con dos títulos bajo sus brazos, Götze, Kroos, Müller, Lahm, Boateng, Neuer y Bastian Schweinsteiger fueron a Brasil y ganaron uno más. Lahm siguió los pasos de Fritz Walter en 1954, de Beckenbauer en 1974 y de Lothar Matthäus en 1990 cuando levantó el trofeo.

Quizás el hecho de haber ganado la liga en marzo y de que el Bayern había levantado el pie del acelerador, ayudó a la Mannschaft a ser la sensación del torneo. Según Guardiola ganar la liga les hizo más blandos. Y él admitió que tampoco ayudó, dijo a Perarnau, que había dejado de tener partidos de 11 contra 11 en los entrenamientos por miedo de tener lesiones para los partidos de Champions. Quizás, ese descanso les dio una frescura a los jugadores alemanes del Bayern en Brasil.

La Bundesliga recibió a Pep con los brazos abiertos desde el inicio. Christian Seifert, su director ejecutivo, comentó al principio de la temporada: «El Bayern tiene fama de ser considerado un club antipático en el resto del país, puede decirse que, con Pep en el banquillo, cae más simpático ahora».

Torsten Lieberknecht era el entrenador del Eintracht Braunschweig en la temporada 2013-14. Su equipo acabó colista y perdió sus dos partidos contra el Bayern de Múnich por 2-0. Pero después de la segunda derrota en mayo, en el fin de semana antes de las semifinales de la Liga de

Campeones, Lieberknecht prácticamente dio una serenata a su homólogo diciéndole, en su mejor español: «Querido Pep, mucha suerte para el partido contra el Real Madrid en el Bernabéu».

Tal vez era de esperar que el entrenador del club colista se sintiera impresionado, pero no era el único. Veh, el técnico del Eintracht Frankfurt, decía lo que decía sobre las manos mágicas de Pep, y cuando Thomas Tuchel reemplazó a Jürgen Klopp en 2015 fue igual de generoso con sus elogios hacía Guardiola. Dijo al *Aspire Sport Academy* en Berlín: «El Bayern ha jugado a un nivel que quizá no se haya dado antes en Alemania». Y lo dijo después de perder contra Bayern por 5-1 en la Bundesliga.

Entre todos los elogios, Thomas Hitzlsperger añade un pequeño matiz. «Me encanta el fútbol y por eso quiero a Pep, sobre todo por lo que hizo por el fútbol alemán», explicó a los autores de este libro en 2020. «Lo que hizo por el Bayern fue fenomenal. Sé que algunos le criticaron por no ganar la Liga de Campeones, pero fíjense en cómo cambió el equipo».

Como se explicó en el capítulo 8, Hitzlsperger creció en la cantera del Bayern antes de ir a la Premier League con el Aston Villa y luego ganar una Bundesliga con el Stuttgart. Él sabe lo difícil que puede ser estar en ese club gigantesco, y cree que el impacto de Guardiola no fue solamente en la primera temporada sino en la evolución de su equipo.

«Algunos partidos eran fenomenales de ver», dice, «porque en algún momento de la segunda temporada los equipos ni siquiera iban a intentar ganar al Bayern. Jugaban con dos líneas de cinco porque temían perder por cinco, seis o siete a cero. Y lo que él hizo fue conseguir doblegar a esos equipos defensivos. A veces a la selección alemana le pasa lo mismo contra naciones más pequeñas. Les cuesta superar esas líneas de cinco jugadores. Pero Pep lo consiguió».

Hitzlsperger cree que por cada obstáculo que ponía el contrario, Guardiola creaba una solución. «Utilizaba a los jugadores de banda de una forma muy diferente», explica. «Cambiaba el dibujo tres o cuatro veces por partido, y eso era totalmente nuevo. Hacía jugar a sus jugadores fuera de posición por razones específicas, Lahm en el centro del campo, Alaba como defensa central cuando hasta entonces había sido lateral. Todo funcionó. Sus equipos dominaban la mayoría de los partidos. Siempre se le veía muy animado en la banda, dando información a sus jugadores, y los jugadores se convirtieron en mejores futbolistas. Pep hizo muchas cosas por el fútbol alemán, no solo por el Bayern de Múnich. Mejoró mucho el fútbol alemán, nos convirtió en una nación que hablaba de la táctica. Hasta entonces se trataba de ganar trofeos y jugar bien al fútbol era una cuestión secundaria». No hay duda de que cuando la selección ganó el mundial en 2014 lo hizo en gran parte por la influencia de Guardiola. «A jugadores como Lahm, por ejemplo, es difícil enseñarle algo nuevo» añade. «Lo había visto todo y lo había ganado casi todo, pero incluso él (Lahm) admitió que Pep le enseñó algo nuevo en el fútbol. Como entrenador de fútbol es el mejor del mundo».

Sin embargo, y aquí viene el matiz, Hitzlsperger cree que hay que separar Pep el entrenador y Guardiola el hombre. «Si formas parte de un gran club como el Bayern no eres solo un entrenador, estás representando a tu club. Los aficionados quieren interactuar contigo. Quieren que asistas a eventos en los que puedan conocerte como persona. Nunca se abrió lo suficiente a los aficionados, y esa podría ser la única crítica. Cuando llegó su alemán era bastante decente, pero tres años después no había mejorado, eso es una señal. Decía que le gustaba el fútbol alemán y que le gustaba estar en Múnich. Pero sus acciones eran diferentes. Un hombre como él, tan inteligente, que ha viajado por todo el mundo, habría esperado que hubiera dominado el alemán mucho más a pesar de que no sea un idioma fácil».

Guardiola dejó el Bayern en 2016, después de tres años, es un hecho que tampoco cayó bien a todos en Múnich. «Son bávaros orgullosos y es un club enorme, así que si el club te pregunta: "¿Quieres quedarte con nuestro gran club?", y dices: "No, quiero ir al Manchester City, siempre he querido ser su entrenador", a la gente no le gusta eso. Por eso nunca se ha convertido en una leyenda del club, digamos, por no ganar la Liga de Campeones, lo cual me parece injusto porque hay otros grandes equipos y siempre se puede perder contra ellos, y porque no se comprometió con los aficionados. Creo que eso es muy triste, pero así es él».

Bastian Schweinsteiger es uno de esos bávaros «orgullosos» que se quedó con la sensación de que no todo fue a la perfección con Guardiola. Él era discípulo de Pep y jugador del Bayern en los dos primeros años. Explicó a *FourFourTwo*: «Pep quería cambiar algo y no fue fácil, porque llegó después de que hubiéramos ganado el triplete. Éramos el mejor equipo de Europa, luego Guardiola, como el mejor entrenador de Europa, vino y quiso darnos un nuevo estilo de firma».

> «Aprendimos mucho de él, y es fantástico en encontrar soluciones durante un partido. Hubo algunas situaciones en el descanso en que nos dijo: "Vamos, Basti, tú pones la pelota allí; Thomas (Müller) corre allí; funcionará al 100 por ciento". Lo hicimos y ¡boom!, ¡gol! Es un genio. Pero no fue fácil para él porque antes habíamos tenido un gran éxito. Habíamos llegado a la final de la Liga de Campeones tres veces en cuatro años, y la ganamos en 2013. Con Guardiola, siempre ganamos la Bundesliga con diferencia, pero no pudimos ganar la Liga de Campeones. En Múnich, a la gente le gusta ver un cierto estilo de fútbol; ese es su ADN. Cuando hablo con los aficionados, me dicen que cuando Jupp Heynckes era el entrenador, podían sentir que era el ADN del Bayern. La gente decía: "Guardiola es un gran entrenador, pero no podíamos sentir nuestro ADN en su juego". Eso suena muy extraño, pero quizás fue un pequeño problema a veces».

Leyendas en el Bayern hay muchas y quizás es mucho pedir que Guardiola se una a los Beckenbauer, Hoeness, Heynckes y compañía. En cuanto a la crítica de que no se comprometió en el ámbito social de Múnich, él diría que su compromiso era en el campo y sus frutos se veían ahí. Pero como dice Schweinsteiger, el éxito en la Bundesliga no se trasladó a la Liga de Campeones.

Lo que sí es difícil de rebatir es que el cambio que Guardiola logró en el Bayern fue aprovechado por Löw para ganar el mundial. Y quizás podríamos decir que hubo otro impacto importante del efecto Guardiola en el fútbol alemán. Xabi Alonso jugó bajó sus órdenes durante dos temporadas. Fue traído por Guardiola a Alemania en 2014, y Guardiola influyó enormemente en él. Alonso volvió al país como entrenador en 2023 y como recordamos al principio de este libro, ganó una liga con el Leverkusen sin perder un solo partido, cosa que ni su maestro en tres años en el club más grande de la Bundesliga consiguió hacer.

Agradecimientos

Queremos dar las gracias por su ayuda para que este libro haya sido posible a Claudia Portes, Kevin Keegan, Silvio Titzmann, Sebastian Stiekel, Bernd Gersdorff, Alberto Doblare, Marc Bartra, Florian Haupt, Oke Göttlich, Alex von Eitzen, Michael Hellstern, Thomas Lötz, Juan Bernat, Alan McInally, Thomas Hitzlsperger, Uwe Rösler y Robert Huth.

Bibliografia

Westfalenspiegel (Ardey-Verlag)

Bild (Axel Springer)

The Big Interview with Graham Hunter

Kicker (Olympia-Verlag)

Sueddeutsche Zeitung

The Athletic (The New York Times Company)

Building the Yellow Wall, Uli Hesse (Weidenfeld & Nicolson, October, 2018)

Das Reboot, Raphael Honigstein (Vintage Digital, September, 2015)

Bring the Noise: The Jürgen Klopp story, Raphael Honigstein (Bold Type Books February, 2018)

Der FC Bayern und seine Juden, Dietrich Schulze-Marmeling (Die Werkstatt, April 2011)

Jot Down

Reuters

B.Z (Ullstein Verlag)

St. Pauli. Otro fútbol es posible, Natxo Parra y Carles Viñas (Capitán Swing April, 2017)

Pirates Punks & Politics, Nick Davidson (SportsBooks February, 2014)

Hamburger Abendblatt (Funke Mediengruppe)

Sport1

Sky Deutschland

The Guardian
www.bundesliga.com
El País
Corriere della Sera
Die Zeit (Zeitverlag)
Berliner Zeitung (Berliner Verlag)
El Mundo Deportivo
Der Spiegel (Spiegel-Gruppe)
www.ndr.de (Norddeutscher Rundfunk)
ABC
Die Welt (Axel Springer)
Bdfutbol.com
www.dfb.de
11km.de
www.torfabrik.de
Westdeutscher Rundfunk Köln
Sports Illustrated
Frankfurter Neue Presse (Frankfurter Societät)
tz (Zeitungsverlag tz München)
Daily Mail
Die Tageszeitung (Taz)
11FREUNDE
Sky UK
Basler Zeitung (TX Group)
Fuldaer Zeitung (Mediengruppe Parzeller)
Münchner Merkur (Münchener Zeitungs-Verlag)
Neue Zürcher Zeitung
Nice-Matin
Agence France Presse
Anpfiff, Harold Schumacher (Knaur, January, 1988)

El fútbol me interesa porque es una religión benévola que ha hecho muy poco daño».

Manuel Vázquez Montalbán